製造業の 管理会計入門

吉川武文 [著]　王子経営研究会 [編著]

日刊工業新聞社

このテキストは管理会計の入門書です。しかし単純な知識を羅列するだけのテキストではないかもしれません。何を管理したいかで管理会計の姿は変わります。ですから新しい製造業が目指すべき姿をイメージしながら、なぜ管理会計が必要なのか？　どんな管理会計が必要なのかを問い、やや踏み込んだ内容にも触れました。

でも、難しい予備知識は一切不要です！　このテキストをお読みいただければ、昨今の製造業に元気がないのは何故か？　そして何をすれば日本のモノづくりが再び輝くのかのヒントを得ていただけるものと確信をいたしております。日本の持つ真の底力を信じつつ…

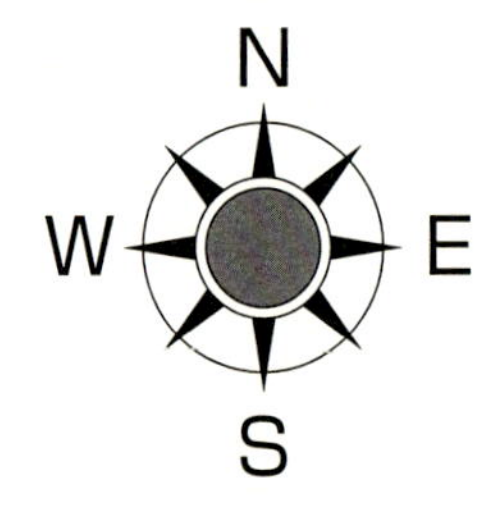

目をつぶって運転する車

誰も理由が説明できなかった！

「在庫は罪子（ざいこ）、罪子減らしは待ったなし！」

そんなタイトルのセミナーに参加しました。会場は満席で、参加者のみなさんは熱心にメモを取っています。誰もが本当に真剣です。しかし不思議と熱気のようなものは感じられません。その奇妙なギャップに疑問を感じた私は、周囲の方に少し意地悪な質問をしてみました。

「大変にお恥ずかしいのですがぜひご教示をください。なぜ私達は在庫を減らさなければならないのでしょうか？　私には理由がよくわからないのです。」

「はあ…　それは何と言っても、在庫は罪子ですから…」

誰もそれ以上は答えられません。そこで私は講師の方にお伺いをしました。

「本日はありがとうございました。ところで…恥を忍んでお伺いをしますが、なぜ私達は在庫を減らさなければならないのでしょうか？　私には理由がわかりません。」

「え？　何ですって？　決まっているじゃあないですか！　なんたってぇ…在庫は罪子ですから。」

今さら、どうしてそんなことを聞くのかという感じでしたが、結局のところ、誰もきちんと答えられなかったのです。全員でやっている活動の目的を誰も説明できない？？？

いよいよ疑問を感じて調べると、

「在庫はお金の塊だ。在庫を寝かすことはお金を寝かすこと。だから在庫は罪子！」
「値引きにつられて無駄な在庫を抱えるのは言語道断！」

そんな説明文を見つけました。お金を寝かして問題になるなら、それは金利のムダに違いありません。それなら在庫の金利はどうやったら評価できるのか？　利率は何％を使えばよいのか？　例えば10％の値引きを提案され、利率は5％だったら値引きを受けるべきなのか？　受けるべきではないのか？　そういえば…自分の会社の在庫金利って何％なのだろうか？　今まで一度も聞いたことがなかった気がする…。

こうした奇妙な話が、昨今のモノづくりの現場にはあふれています。如何でしょう？

本当に、これで世界と戦えますか？　厳しい競争を生き残れるのでしょうか？

「会社は存亡の危機にある。コストハーフを必達せよ！　日本の技術者に不可能はない！」
「了解いたしました！　ところで…コストって何でしたっけ？」
「そんなことは自分の頭で考えろ！　コストはコストに決まっている！」

「当社も自動化率100％の無人工場を目指す！　未来工場の先取りだ！　この絵を見てみろ、すばらしい工場だろ？」
「は、はい！　でも…自動化をするとずいぶんお金もかかりそうです。コストは下がるでしょうか？　上がるでしょうか？　どのくらいお金をかけてよいのでしょうか？　未来工場って、一体何を目指すものなのでしょう？」
「決まっているだろ！　未来工場は未来を目指す工場だ。だから未来工場というのだ！」
「はあ…」

まるで冗談話のようですが…これがモノづくりの現場で交わされている上司と部下の実際の会話です。コストダウンに取り組む方々がコストの内訳さえ知らないという不思議な現象が起きています。技術力はあるはずなのに勝てなくなった日本の製造業…。

今、日本のモノづくりには**決定的に何かが足りません。**

さて、簿記でも勉強してみようか？

この本は、会計を主題とする本ですが、単なる数値処理の紹介本ではありません。かつて日本のモノづくりはジャパン・アズ・Ｎo．１と称えられ、活気に満ちていました。「モノづくりの国、日本」「技術の国、日本」「カイゼンの国、日本」です。しかしそれから30年…　日本のＧＤＰは伸び悩み、今日の国内製造業には総じて元気がありません。一体そこにはどんな原因があり、私達はこれから何をしなければならないのでしょうか？

会計の視点からは「何をしなさい」ということは言えません。しかしながら「今、進んでいる道は正しいのか？」「日本のモノづくりがどこで道を誤ってしまったのか？」は見えてきます。そして、これからの国内製造業が力強く生き残るためのヒントを得ることができます。私達はぜひとも会計を学ばなければなりません。

ところが…　残念ながら**従来の会計は面白くありませんでした！**

会計を学ぼうと志した勇気ある方々は最初に簿記に取り組むのではないかと思います。簿記が会計の基本であることは揺るがしがたい事実です。しかしそこに待っているのは無味乾燥な知識の羅列と暗記、暗記、暗記… 多くの方が道半ばで挫折します。役に立つはずの会計を学んでなぜ全く面白くないのか？ ワクワクしないのは何故なのか？ それは必ずしも私達の努力不足の故ではありません。恐らくそれは、今日の普通の会計（財務会計）が時代のニーズに合っていない故なのです。実は、今日の会計（財務会計）は**100年前にデザインされた**ものでした。100年前の時代の課題を解決するためにこそ100年前の会計が役に立ったのです。しかし今日、事業環境は全く変わってしまいました。それにも拘らずいつまでも古い会計を使い続けていることが、経営の思考を縛り、ビジネスモデルを時代遅れなものにし、パラダイムシフトを妨げているようです。どうやら新しい会計（管理会計）が必要です。

会計だけではありません。実は日頃、私達が使っているお馴染みのモノづくりのセオリーも、今から100年～60年ほど前に産み落とされたものです。それはパソコンどころか**電卓すら存在しなかった時代**で、全てのマネージメントは紙と鉛筆とそろばんで行われていました。当時の世界は果てしなく広く、作れば必ず売れる時代でもありました。そんな時代の事業環境に合わせてデザインされた会計やセオリーは今日も日本のモノづくりを支える大切なものではありますが、これからもそれだけで戦い続けることはできません。

本テキストの意図は、新しい管理会計のあるべき姿を紹介することであり、財務会計や伝統的なモノづくりのセオリーの欠点を並べ立てることではありません。しかし今改めて原点に立ち返り、100年前の会計や60年前のモノづくりのセオリーの限界を明らかにし、活かすべきものはしっかりと活かし、進化させるべきものは力強く進化させていかなければならないだろうとは考えています。

「ムダを削れ！」
「利益を出せ！」

では利益とは何なのか？　ムダはどのように定義すればよいのか？　それを知らずして正しい方向に向かって頑張ることはできません。気合は大切なものですが、それだけで世界と戦えるものでもありません。ぜひ会計で戦いましょう。様々な価値観や方法論の森の中で、会計で考えることがいちばんわかりやすく合理的です。なぜなら製造業に従事する私達は、会社という組織の中に在って、常に会計で課題を設定され、会計で成績を評価されているからです。知らず知らずのうちに、会計の形が企業人の行動を決めています。

ＩｏＴ時代の新しい経営ツール

１００年前にデザインされた会計と60年前にデザインされたもの作りのセオリー、それらはコンピュータもインターネットもなかった時代に産み落とされた経営ツールでした。しかし今日では優れた情報システムがたくさんあります。新しい潮流に乗って新興企業や中国やインドなどの新しい国々が次々に台頭してきています。**アマゾンの設立**は１９９４年、**グーグルの設立**は１９９８年です。中国のＧＤＰが日本を抜き去ったのは２００９年、今や日本の３倍にも迫ろうかという勢いです。その一方で、60年前の古いセオリーと成功体験に縛られた日本の乗り遅れ感は否めません。さらに、現在急速に到来しつつあるＩｏＴの時代は、日本のモノ作りのセオリーと会計を今以上に陳腐化してしまうでしょう。どうしても新しい経営ツールが必要です。

ＩｏＴの時代に生き残る新しい経営ツールの三種の神器は、①サプライチェーン全体のコスト管理、②ホワイトカラーの生産性管理、③設備投資プロジェクトや研究開発プロジェクトの管理、に関わる三つの会計リテラシーです。そこで本テキストでは、第Ⅰ部で製造業の管理会計の概要を紹介した上で、第Ⅱ部で**コストの管理**（在庫管理を含みます）、第Ⅲ部で**生産性の管理**、第Ⅳ部で**プロジェクトの管理**（正味現在価値や内部収益率など）について紹介します。

具体的な場面で管理会計と財務会計の比較をしながら、財務会計が如何に重大な限界に直面しているかを示しつつ、管理会計のあるべき形を御理解いただける構成としました。ポイントは**変動費と固定費の分離**の徹底です。二つの会計を比較することで知識の羅列はメリハリある立体的な理解へと生まれ変わり、会計の怖さ、会計の面白さ、会計の秘めている可能性を感じていただけるものと確信しております。

日本の底力を世界に示そう！

繰り返される財務会計の不祥事に胸が痛みます。複雑な経理処理を経て実態をありのままには示さない数値が外部に公表されているだけではなく、恐らくは会社内部でも正しい会計数値が把握されていないらしいことの傍証がたくさんあるからです。コストの全体像や損益分岐点が見えない奇妙な製造業のＰ／Ｌ、このＰ／Ｌでは事業活動が生み出す付加価値が増えているのか減っているのかが見えません。今のまま頑張って良いのか悪いのかも判断できません。近年の原価構成の大きな変化が全く認識されずに行われている昔ながらのカイゼン活動、コストダウンを推進する担当者がコストの内訳を知らない現場、ゼロ在庫を巡る奇妙な騒動、内部留保がタダだと思い込んだ担当者の誤解…。事業活動が目標とすべき資本コスト（ＷＡＣＣ）を管理職の方々がきちんと認識している現場がどれだけあるでしょうか。近年の製造業は投資業の様相を呈しつつありますが設備投資プロジェクトはどのように計画され意思決定されるべきなのか？　研究開発や生産技術の方々はエクセルのＩＲＲ関数を使ったことがあるでしょうか…　これでは**目をつぶって車を運転**しているようなものです。このままＩｏＴの時代に突入したら、どのように原価を定義し管理すればよいでしょう？　誰にも会計的真実が見えない会社をどう経営すればよいのでしょうか？

否、もし経営上の課題がはっきり見え、それにきちんと手当てできる管理会計があったなら、私達は膨大な力を発揮できるに違いありません。今までも私達は幾多の困難を乗り越えてきましたし、きっとこれからも乗り越えていくことができます。日本のモノづくりの底力は、まだまだこんなもんじゃありません！

財務会計が間違っているという訳ではありません。しかしながら財務会計は様々な利害関係者の妥協の産物であり、事業の成果をなるべくキレイに見ていただくという使命を負った会計です。それは残念ながら、経営上の課題を明らかにし、適切に手当てしていくためにデザインされたものではありません。見かけを良くすることと、実際を良くすることは全く別なことです。しかし、実際（管理会計）が良くなれば見かけ（財務会計）も必ず良くなります。会社という車を運転していくためにはプライベートな会計（管理会計）がどうしても必要です。それは公的な会計（財務会計）と車の両輪をなすものであり、どちらが欠けても私達は前に進むことができないのです。

古い会計と古いモノづくりのセオリーの**賞味期限はとうの昔に切れました**。多くの製造業が目標を見失っています。悲しい事件が続いています。しかし、ひとたび進むべき方向をはっきり見極めることができたなら、私達は膨大な力を発揮することができるでしょう。ぜひ本書で、今の日本のモノづくりに元気がなくなってしまった理由、そしてその処方箋を知っていただければと思います。執筆者一同、国内製造業と日本経済が力強く復活し、一日も早くその輝きを取り戻すことを心から願っております。

２０１７年７月

財務会計は100年前にデザインされた！

年代	社会情勢	会計とモノづくりの歴史
1890	日清戦争	科学的管理法（標準時間）
1900	日露戦争 社会主義運動	T型フォード生産開始 **財務会計**（全部原価計算）
1910	第一次世界大戦、ロシア革命	フォード生産方式（ベルトコンベア）
1920	関東大震災	世界恐慌
1930	満州事変	管理会計（直接原価計算）
1940	第二次世界大戦	統計的品質管理（QC）
1950	朝鮮戦争	ジャストインタイム、罫子、カイゼン、七つのムダ
1960	電卓の登場、東京五輪	高度成長、日本のGDPが世界２位
1970	石油ショック	日本的経営論、「Japan as No.1」出版
1980	ワープロ・パソコンの普及	「Made in Japan」出版、「The Goal」出版
1990	携帯電話・インターネットの普及	Amazon設立(1994)、Google設立(1998)
2000	リーマンショック、「リストラ」登場	日本のGDPが中国に抜かれ世界３位に転落
2010	「IoT」という言葉が定着する	**製造業の管理会計**（付加価値会計）
2020	新東京五輪	日本の製造業が復活！！

〈目次〉

I 管理会計とは何か?

Ⅱ 変動費の管理…儲けの最大化（かせぐ）

Ⅳ キャッシュフロー経営

V 新しいビジネスモデル編

I

管理会計とは何か？

管理会計は自由な会計であり、その定義は様々です。ここでは管理会計を、会社のビジネスモデルに合わせてデザインされ「手当てすべき課題を明らかにし、成果を出すための会計」と定義しましょう。これに対して財務会計は、事業の成果を外部の方々に綺麗に見ていただくための会計です。良く見せることと、良くすることは全く違うので注意しなければなりません。管理会計が整備されていない会社の経営は、目をつぶって車を運転しているようなものです。その恐ろしさを垣間見ていただきながら、管理会計が果たすべき役割、そしてそのあるべき姿について理解を深めていただければと思います。

1 今、何をすべきかわかりますか？

気合は大切、でもそれだけで事業は黒字にならない

管理会計って何だろう…まずは損益計算書（P／L）から！

どんなスポーツでも自分の動作の結果を確かめずに次の動作に移る人はいないでしょう。事業もまた一つひとつの活動の結果を確かめ、その上で次の行動に移ることになります。結果が良ければ更に伸ばし、結果が悪ければ適切に手当する。その時必ず必要になるのが管理会計です。管理会計とは、喩えれば自動車を運転する時に必要な計器盤のようなものです（**左上図**）。計器盤には事業の状況が現れます。エンジンに異常はないか？　今のままアクセルを踏み続けて良いか／悪いか？　といった判断ができます。会計の重要ツールには**①貸借対照表（B／S）**、**②損益計算書（P／L）**、**③キャッシュフロー計算書（C／F）**、**④設備投資評価**などがあります。

管理会計におけるこれらのツールは一般的な会計（財務会計）と共通点もありますが大きな違いもあります。とりわけ損益計算書（Profit and Loss statement：以下P／Lと表記）は姿が異なります。そこでまずはP／Lを見ながら、一般的な会計（財務会計）が直面している厳しい現実と、管理会計が必要になっている理由について考えてみることにしましょう。

目をつぶって運転する車

ところで皆様は御自身の会社の会計（P／L）をどのように使っていますでしょうか？　例えば**左下図**のようなP／Lがあった場合、来期に向かってどのような対策を立てるでしょう？　とにかく赤字ですから事業に**何か問題があることは確かです**。でもただ単に黒字だった／赤字だったと言っていたのでは次の行動が決められませんから、何らかの検討を踏まえて計画を立てることになります。

「来期はコストダウンを徹底しよう！」

「来期はもっと売り上げを伸ばそう！」　など

では実際、どうやってコストダウンを徹底すればよいでしょう？　このまま売上を伸ばすという方針は本当に正しいのでしょうか？

管理会計は、会社を運転するための計器盤

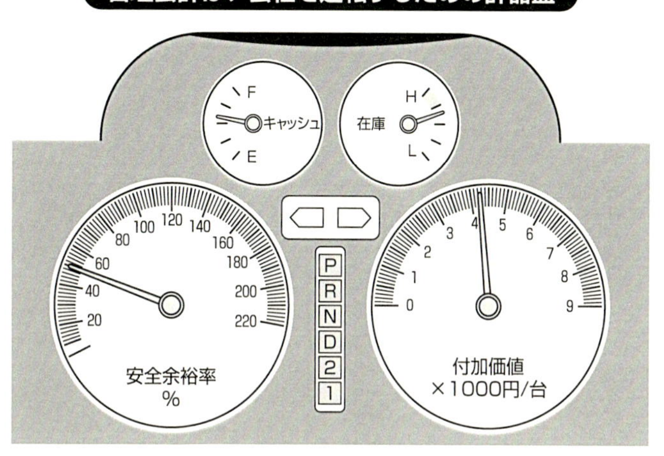

もしこんなP/Lを見たら、どんな対策を考えますか？

<今年の実績>

売上高	1000 万円
一売上原価	890 万円
＝粗利	110 万円
一販売費および一般管理費	210 万円
＝営業利益	▲100 万円（赤字）

どうすれば事業を黒字化できるだろうか？

ポイントBOX
①気合だけでは世界と戦えない
②会社を適切に運転するためには適切な管理会計が必要

2 会社がやばい！

管理会計がどうしても必要な理由

コストハーフってなんだ？

「来年の目標はコストハーフ！　日本のモノづくりに不可能はない！」

　コストハーフは多くの現場で掲げられるコストダウンの目標です（**左上図**）。しかし現場で話を伺ってみると、具体的な行動計画を立てることができず**担当者が途方に暮れている**という状況にしばしば遭遇します。実際、どこにどれだけコストダウンの余地があるのかが普通の会計（財務会計）ではわかりません。真に真剣にコストダウンに取り組むなら、以下の適切な管理会計が必要です。

Q１：売上原価の内訳は何ですか？　その比率は？
　⇓材料費？　労務費？　経費？
Q２：どの費用をコストハーフしますか？
　⇓全て？　労務費だけ？　材料費も？
Q３：固定費と変動費の割合は？
　⇓固定費と変動費ではやるべきことが異なります。
Q４：固定費のコストハーフどう定義？
　⇓リストラ？　利益２倍という選択もあります！
Q５：販売費および一般管理費はどうしますか？
　⇓これも半減？　放置？

売上を伸ばせば事業を黒字化できるのか？

「不可能な目標に挑戦するからこそ革新がある！」

　それは一面において真理ですが、革新は工場の中だけでなくサプライチェーン全体で起こさなければなりません。事務部門のホワイトカラーの生産性も問われるでしょう。しかし財務会計のＰ／Ｌでは**工場の費用だけが売上原価**になっているため、関係者の視点は工場叩きに集中してしまいがちです。

「工場叩きに限界があるなら来期は売上２倍だ！　売って売って売りまくれ！」

会社ではそんな檄が飛ぶかもしれません。しかし実はこの判断も致命的な誤りかもしれないのです（**左下図**）。これもまた**財務会計がコストを正しく表していない**ことによるものです。コストが正しく把握できる管理会計がなければ事業は黒字化できません。

「来年の目標はコストハーフ！　日本のモノづくりに不可能なし！」

	＜今年の実績＞		＜来年の目標＞	
売上高	1000 万円		1000 万円	
－売上原価	890 万円	➡	445 万円	（2分の1）
＝粗利	110 万円		555 万円	
－販売費および一般管理費	210 万円		210 万円	
＝営業利益	▲100 万円（赤字）		345 万円	（黒字）

やればできるって、本当ですか？

「売って売って売りまくろう！　来年は売上２倍だ！！」

	＜今年の実績＞		＜来年の目標＞	
売上高	1000 万円		2000 万円	（2倍）
－売上原価	890 万円	➡	1780 万円	（2倍）
＝粗利	110 万円		220 万円	（2倍）
－販売費および一般管理費	210 万円		210 万円	
＝営業利益	▲100 万円（赤字）		10 万円	（黒字）

この判断は、致命的な誤りかもしれません！

補足）P/Lが苦手で読み方がわからないという方は、構わず次にお進みください。従来のP/Lは難しすぎて、**誰にも何もわからない**というのが、この話の結論だからです。

ポイントBOX
①気合だけでコストハーフを目標にしている現場がある
②現状のまま売上を伸ばしても赤字が解消できるとは限らない

3 会社は、社会のミッション

経済合理的な活動で、製品やサービスを提供する

儲けは、社会の支持のバロメーター

管理会計の世界に入っていく前に、会社の活動を整理しておきましょう。会社の目標は儲けることだと言われます。**でも「儲け」って何でしょう？** 21世紀のネット社会においては御客様を騙して儲け続けることはできません。会社はそれぞれの社是が定めるミッションに従って社会に製品やサービスを提供する存在です。提供する製品やサービスが社会に有益なものであれば、会社の売上は伸びていきます。つまり私達の暮らしは会社に支えられ、会社が存在する故にこそ社会が成り立っているのです。そして会社が自社の製品やサービスを無駄なく効率よく生産し提供すればするほど（必要とされるものを最善のコストと最短の時間で届けるほど！）「儲け」が生み出されることになります。儲けとは「売ったもの」と「買ったもの」の差額であり、会社の活動に対する**社会の支持のバロメーター**とも言えます。だからこそ会社は全力で儲けの最大化を目指すのです。

会社の活動を支える経営資源（ヒト・モノ・カネ）

会社の中では、経営資源がグルグル回って会社の活動を支えています（左上図）。経営資源（ヒト・モノ・カネ）を維持するためには儲けを適切に分配しなければなりません。それが給与であり、減価償却費であり、銀行金利や株主利益です。経営資源を維持するのに十分な儲けが得られていれば、会社は成長し製品やサービスの提供を更に拡大することができます（左下図）。しかし十分な儲けが得られていなければ経営資源を維持できなくなり会社は倒産してしまいます。それは会社の活動が**社会から支持されなかったことの証**に他なりません。ですから儲けが十分でない会社は、自社の製品やサービスの在り様、その提供方法、経営資源の活動効率などの見直しに真摯に取り組まなければなりません。

会社の活動が適切でないならば、自らのビジネスモデルそのものを大きく変更しなければならない場合もあるのです。

会社の活動

売ったもの

製品やサービスを社会に提供

儲け

会社の外部

会社の内部

原材料などを必要量調達

買ったもの

内部で会社を回す力！

経営資源
（ヒト・モノ・カネ）

コスト（外部に払ったお金）

金額で表現する

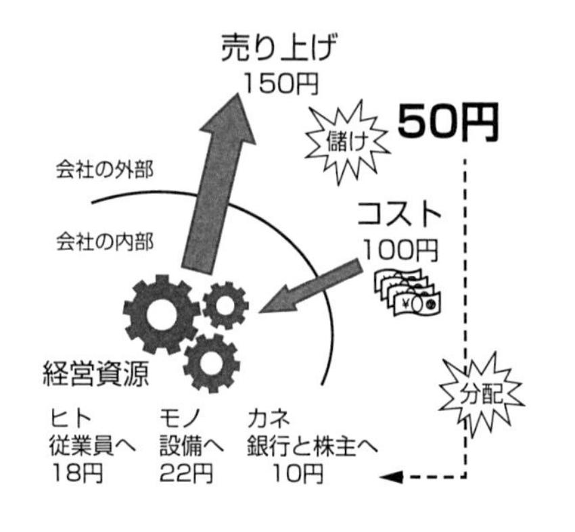

150円（売り上げ）
−100円（コスト）

＝　50円（儲け）

−　18円（従業員へ分配）
−　22円（設備へ分配）
−　10円（銀行・株主へ分配）

＝　+0円（原資が足りている）

ポイントBOX

①売ったものと買ったものの差額が儲け
②儲けはヒト・モノ・カネを維持し、会社を成長させていくためのもの

会社の活動を、そのまま会計で表現すると？

「かせぐ」と「わける」をしっかり区別する

変動費はコスト／固定費は経営資源

会社の活動の適否をモニタリングするために使うのが管理会計です。会社の活動を会計で表現してみましょう。まず売上高からコストを引いたものが儲けです。管理会計ではコストを「変動費」と呼びます**（左上図）**。変動費（即ちコスト）に何が含まれるかは会社のビジネスモデルによって様々ですが、一般的な製造業であれば原材料費や外注加工費などが該当するでしょう。さらにはパートさんやアルバイトさんに**都度に支払う**労務費が該当する場合があります。製造工程以外でも**都度に支払う**荷送費などの外注物流費や、銀行から**都度に借り入れる**運転資金の金利などの管理も忘れてはなりません。これらの変動費を売上高から差し引けば儲けが求まりますが、管理会計上はこれを「付加価値」と呼びましょう**（左上図）**。

こうして稼ぎ出された付加価値は会社の**経営資源（ヒト・モノ・カネ）**の維持のため分配されていくことになります。ヒトに分配されるのが正社員の労務費です。モノに分配されるのは生産設備や工場建屋の減価償却費です。カネに分配されるのは銀行から長期に借り入れている資金の金利と株主さんが期待する利益です。また長期金利と株主期待を合わせたものをＷＡＣＣ（ワック）と呼びます**（左上図**／後程説明致します）。こうして経営資源に分配される費用は期初に予め発生額が計画され決められているものですから「固定費」と呼びます。固定費の本質はコストではなく経営資源なのです。

「かせぐ」と「わける」

上記を整理すると、会社の活動を二つの場面に区分することができます**（左下図）**。

場面1　製品やサービスを生産して売り上げ、付加価値を獲得する場面…(かせぐ)

場面2　稼ぎ出した付加価値を、ヒト・モノ・カネに分配する場面…(わける)

これら二つの場面は性質もタイミングも異なる活動ですから、管理のあるべき姿も当然に異なることに注意をしなければなりません。

管理会計の基本形

＜会社の活動の姿＞		＜会計の言葉に変換＞	
売り上げ		売上高	
－コスト	→	－変動費	
＝儲け		＝付加価値	
－ヒトの取り分	→	－労務費	固定費
－モノの取り分	→	－減価償却費	固定費
－カネの取り分	→	－銀行・株主へ（WACCと呼ぶ）	固定費
＝＋0		＝原資が足りている	

＜管理会計の基本形＞

	売上高		
かせぐ	－材料費		都度に支払うコスト「変動費」
	－外注加工費		
	－変動労務費		
	－外注物流費		
	－在庫の金利		
	＝付加価値		
わける	－労務費	ヒトへ	期初に計画された資源「固定費」
	－減価償却費	モノへ	
	－WACC	カネへ	
	＝残余利益		

ポイントBOX

①管理会計では、儲けを付加価値と呼ぶ
②会社の活動は「かせぐ」と「わける」の二つの場面に区分できる

変動費と固定費の本質的な違いとは？

コスト vs 経営資源

変動費と固定費の表面的な違い

前回、「変動費」と「固定費」という言葉が出てきました。一般に変動費とは「売上高の増減に比例して増減する費用」、固定費とは「売上高の増減に比例して増減しない費用」として説明されます。それは誤りではありませんが、この捉え方では表面的に過ぎ、変動費と固定費のあるべき管理を導けません。もう少し深掘りしてみましょう。

変動費と固定費の本質的な違い

変動費は必要な都度、必要な量だけ、外部から調達できる**コスト**です。そして調達の意思決定をするのは現場の担当者です（今日は製品を10個作るから材料を20個と水を5kℓ使おう、アルバイトさんには1時間頑張って貰おう）。ただし使用がでたらめにならないよう、目標とすべき標準使用量（製品1個当たり材料2個、水0・5kℓ、作業時間6分）が予め定められている筈です。ですから使用の都度（遅くても日次で）標準使用量と実際の使用量が比較され、異常の有無がチェックされなければなりません。

それに対して固定費は、期初に調達されている（または固定的に予算額が決められている）**経営資源**です（人材、生産設備、資金など）。そして調達するのは経営者です。都度に調達するものではないので毎日チェックする必要はありませんが、予算額が守られているかどうかは年次で（できれば月次で）チェックしなければなりません。

固定費は存在価値を問われる存在

変動費の管理目標は標準使用量を守ることと、更なるコストダウンの模索です。他方、固定費は経営資源であり、会社という存在そのものです。固定費はコストではありませんからコストダウンの対象でもありません。しかしそれは決して固定費が手つかずの聖域だという意味ではなく、更に厳しいハードルをクリアし、高い生産性と価値を問われる存在だということです。それが経営資源の存在意義だからです。

変動費はコスト、固定費は資源

	変動費（コスト）	固定費（経営資源）
調達する人	現場の担当者	経営者
調達のタイミング	必要な都度、毎日	期首
決められていること	金額／標準使用量／売上数量	金額／予算額／売上数量
チェックすべきこと	①標準と実際の差 ②コストダウンの余地あるか？	①予算が守られているか？ ②生産性は十分か？
チェックのタイミング	毎日チェック	毎月チェック

変動費 vs 固定費、管理の違い

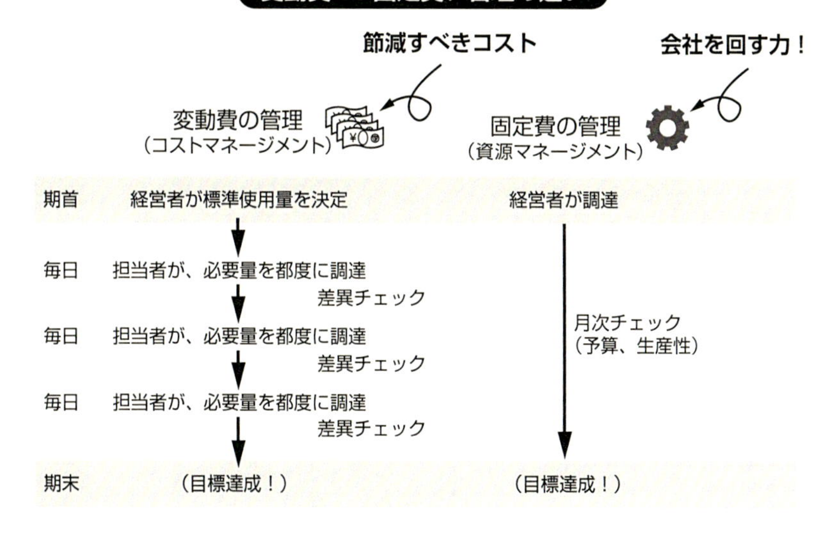

ポイント BOX
①変動費の管理の基本は標準使用量を守ること
②固定費は、高い生産性と価値を問われる

6 まず全力で付加価値を最大化。分配は後でゆっくりやる

損益分岐点と経営目標

まずは全力で付加価値を最大化する

会社の活動は「かせぐ」と「わける」で成り立っています（左上図）。そして会社は、**まずは全力で稼ぎ**、付加価値の最大化を目指さなければなりません。その方法は、

① 売価を上げる！
② 変動費のコストダウンを進める！
③ 売上数量を増やす！

などですが、④かけるべきコストをしっかりかけて売価を大きく上昇させ結果的に付加価値が増えるケースや、⑤売価を下げることで売上数量が劇的に増加し結果的に付加価値が増えるケース、もあるので、慎重なマーケティングが必要です。これに対して固定費（ヒト・モノ・カネ）は期初に予め予算額が決定されているものですから、**稼いだ付加価値で固定費を賄える**よう、周到な事業計画を立てておかなければなりません。

固定費を賄う付加価値が獲得できれば経営目標達成！

固定費の総額（ヒト・モノ・カネ）を、ぴったり付加価値で賄うことができた時（付加価値＝固定費となった時）、その売上数量を「損益分岐点」と呼びます。これでひとまずは経営目標達成です。

更に売上数量が損益分岐点を大きく上回ることができれば残余利益を生じます。残余利益は会社の所有者である株主に帰属しますが、株主の承認を得て従業員（ヒト）に分配しモチベーションをアップすることや、事業の新たな成長を目指して設備投資（モノ）に回すこともできます。残余利益で会社をどう成長させていくかは会社の担うミッションで決まることですから第Ⅳ部で別途検討しましょう。

これらの活動をそのまま会計で表現すると**管理会計のP／Lができあがります**（左下図）。

損益分岐点の分析

＜付加価値をかせぐ＞　　＜付加価値をわける＞

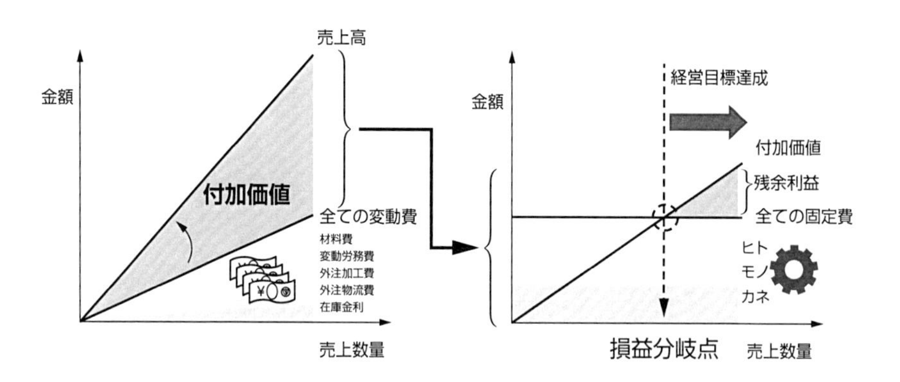

管理会計の姿（かせぐ・わける）

かせぐ

売上高
－ 材料費
－ 外注加工費
－ 変動労務費
－ 外注物流費
－ 在庫の金利

＝付加価値

全ての変動費

コスト

わける

－ 労務費　（ヒトへ）
－ 原価償却費　（モノへ）
－ WACC　（カネへ）

＝残余利益

全ての固定費

資源

ポイントBOX
①会社は、まず全力で付加価値を最大化する
②獲得した付加価値で固定費を賄うことが経営の目標

来年はどのくらい頑張らなければならないか？

利益計画と安全余裕率

損益分岐点を求める

会社が付加価値を最大化する基本は、①売価アップ、②変動費のコストダウン、③売上数量を増やす、の三つでした。仮に製品1個あたりの変動費と売価、そして固定費が予め決まっている場合、以下の計算により損益分岐点を求めることができます。

製品の売価－製品１個あたりの変動費
＝製品１個あたりの付加価値
固定費÷製品１個あたりの付加価値
＝損益分岐点

例えば**左図**の例において製品の売価は5万円、製品1個の変動費は４万円でした。よって製品1個あたりの付加価値は5万円－４万円＝1万円と求まります。また固定費は合計で60万円ですから、損益分岐点は60万円÷1万円＝60個と求まります。

安全余裕率から、来年の売り上げ目標を決める

損益分岐点を達成できれば経営的には一安心です。しかし昨今は**事業環境も不安定**であることから、例えば来年は売上数量が目標より25％ダウンしても損益分岐点を達成できる水準を目指すことにしましょう。この時の25％を安全余裕率と呼びます。安全余裕率を使って目標とすべき売上数量を決める方法は以下の通りです。

損益分岐点の売上数量÷（１－安全余裕率）
＝目標とする売上数量

左図の例では、安全余裕率25％を達成できる売上数量は80個（＝60個÷(1－25％)）です。実際に損益分岐点である60個と比較すると、(80個－60個)÷80個＝25％となっています。これにより、万が一来年の売上数量が**計画より25％ダウン**しても損益分岐点である60個は達成できることがわかります。

管理会計の P/L

売上数量	1 個	20 個	40 個	60 個	80 個
売上高	5 万円	100 万円	200 万円	300 万円	400 万円
変動費の合計	−4 万円	−80 万円	−160 万円	−240 万円	−320 万円
付加価値	**1 万円**	**20 万円**	**40 万円**	**60 万円**	**80 万円**
固定費の合計	—	−60 万円	−60 万円	−60 万円	−60 万円
残余利益	—	**▲ 40 万円**	**▲ 20 万円**	**0 万円**	**20 万円**

損益分岐点

来年の目標

付加価値をかせごう！　損益分岐点を超えよう！

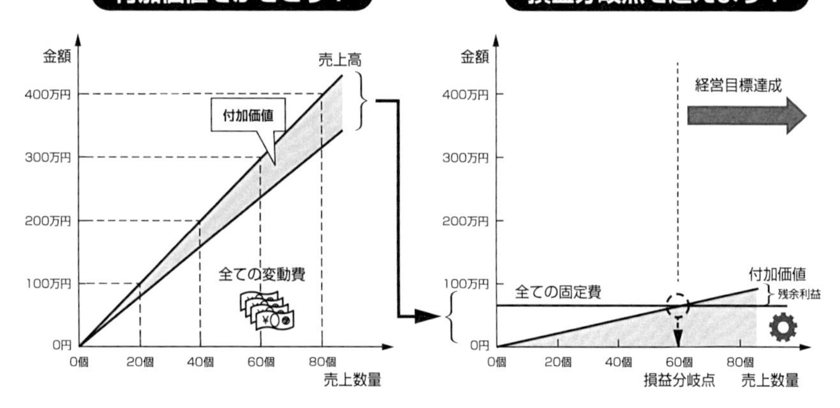

＜安全余裕率＞　(来年の目標－損益分岐点)÷来年の目標
＝ (80個－60個)÷80個
＝ 25%

ポイント BOX
①固定費÷製品 1 個の付加価値が損益分岐点
②目標とする売上数量は安全余裕率を考慮して決める

8 管理会計のP／LとB／Sはサプライチェーンを映す鏡

ビジネスモデルが管理会計の形を決める

会社の活動

会社は製品やサービスを社会に届ける存在です。製造業では、買い入れられた原材料が仕掛品や製品を経て売上債権となり、現金で回収されるというサイクルが回っていきます（サプライチェーン）。

このサイクルを通じて会社は付加価値を稼ぎ出し、ヒト・モノ・カネといった経営資源を維持・成長させていかなければなりません。

サプライチェーンとP／L

会社の活動は、付加価値を稼ぎ出す場面（かせぐ）と、稼ぎ出された付加価値が経営資源（ヒト・モノ・カネ）に分配される場面（わける）から成り立っています。

「かせぐ」においては、会社は**全力で付加価値を最大化**します。付加価値とは売上高からサプライチェーンの全ての変動費（コスト）を引いたものでした。変動費は常にチェックされ、目標である標準原価の達成を目指します。標準原価と実際の原価の差異は毎日チェックされ、異常があれば直ちに対策されなければなりません。

「わける」においては、稼ぎ出された付加価値がサプライチェーンを支える経営資源（ヒト・モノ・カネ）に分配されます（固定費）。この時、**各資源の生産性**が問われることとなり、生産性が低い資源は処分されてしまうこともあります。

サプライチェーンとB／S

財務会計ではお馴染みの貸借対照表（Balance sheet、以下B／Sと表記）は、管理会計でも重要です。**B／Sの右側**を見れば、カネの調達方法を知ることができます（銀行から／株主から）。

B／Sの左側（資産の部）には調達したカネをどう使ったかが示されます。現金と在庫およびモノ（生産設備、他）の内訳を知ることができます。

サプライチェーンと管理会計のP/L・B/S

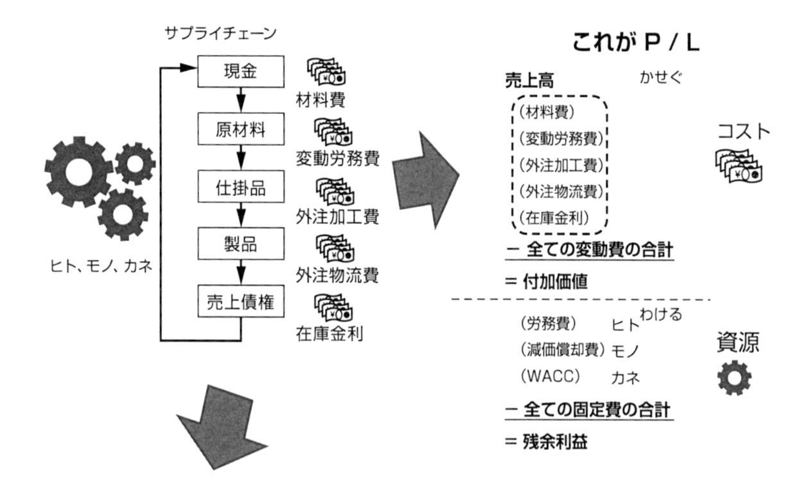

これがB / S

	カネの使い道		カネの調達方法		
	資産の部（現金と在庫）		**負債の部（在庫借入金）**		
現金	⑤現金	76,093円	買入債務	○○円	在庫借入金
在庫	④売上債権	143,133円	短期借入金	○○円	
	③製品	14,856円	未払金	○○円	
	②仕掛品	7,513円	その他	○○円	
	①原材料	10,889円	（合計）	164,574円	
	その他	18,011円			
	資産の部（モノ）		**負債の部（カネ）**		
経営資源 モノ	建物	○○円	長期借入金	○○円	経営資源 カネ
	機械装置	○○円	その他	○○円	
	工具および備品	○○円	（合計）	53,407円	
	土地	○○円	**純資産の部（カネ）**		
	その他	○○円	資本金など	○○円	
	無形固定資産	○○円	社内留保	○○円	
	投資その他の資産	○○円	（合計）	221,976円	
	（使い道 合計）	439,957円	（調達 合計）	439,957円	

ポイントBOX

①会社の活動はP/LとB/Sで表現される
②管理会計のP/LとB/Sはサプライチェーンに合わせてデザインされる

9 え？ 自分の会社のＷＡＣＣを知らない?!

加重平均資本コストを直ちに幹部に周知せよ

カネがどのようにして調達されたのかを知る

Ｐ／Ｌと並び重要なＢ／Ｓ（Balance sheet）について、もう少し構造を見ておきましょう。Ｂ／Ｓには右側に会社が行ったカネの調達方法、左側にカネの使い道が記載されています（**左上図**）。当然ながら左右の各合計（つまり調達した額と使った額）は常に一致（balance）します。調達方法には負債と純資産がありますが、負債は主に銀行から調達された**返済期限のあるカネ**を示し、①在庫借入金（在庫調達に充てられる）と②長期借入金（設備投資に充てられる）に区分されます。他方、③純資産は株主から預かっている**返済期限のないカネ**であり設備投資や研究開発などに充てられます。

全てのカネが調達コストを負担している

①在庫借入金からは在庫金利が発生します。在庫金利は在庫借入金の増減に伴い都度に増減するものですから変動費です。従って在庫を削減する活動の重要な目標の一つは在庫金利の節減です。他方、②長期借入金は③純資産と共に経営資源（カネ）として社内に留まり、長期金利や株主期待（株主が期待する利益）を発生させます。

加重平均資本コスト（ＷＡＣＣ／Weighted Average Cost of Capital）とは何か?

②長期借入金の金利と③純資産への株主期待を比較すれば異なるのが通例ですが、実際の設備投資や研究開発などにおいて投じられるカネが両者のどちらで調達されたものか見分けがつかないため（お札に目印がついている訳ではないので!）、両者の加重平均で管理するのが普通です。例えば長期借入金５３４０７円、長期金利６％、純資産２２１９７６円、株主が期待する利率８％だった場合、加重平均は７・６％と求まります（**左下図**）。これをＷＡＣＣ（ワック）と呼びます。

ＷＡＣＣは設備投資や研究開発などが**達成すべき目標値**として関係者に周知されなければなりません。本来は理論的に計算されますが、あくまでも目標値なので経営的な判断による決定も可能です。

B/S では、カネの調達と使い道が常に一致する

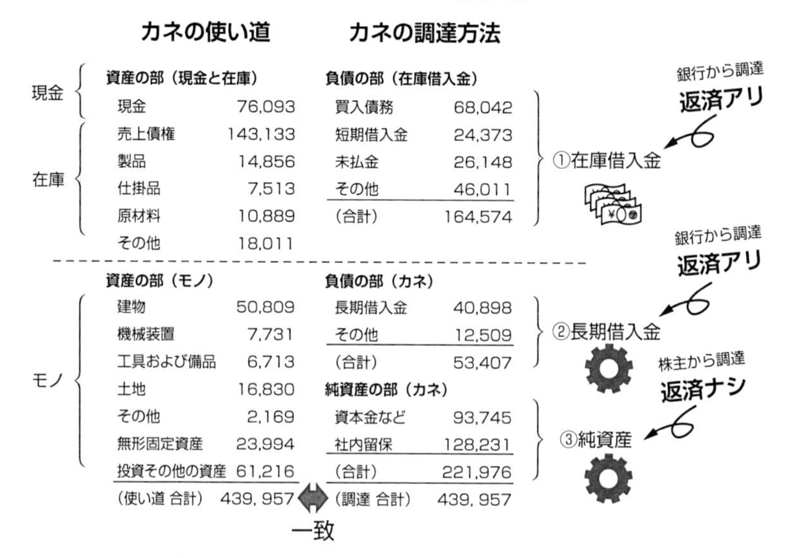

（単位：円）

	カネの使い道		カネの調達方法		
現金	資産の部（現金と在庫）		負債の部（在庫借入金）		①在庫借入金
	現金	76,093	買入債務	68,042	
在庫	売上債権	143,133	短期借入金	24,373	
	製品	14,856	未払金	26,148	
	仕掛品	7,513	その他	46,011	
	原材料	10,889	（合計）	164,574	
	その他	18,011			
	資産の部（モノ）		負債の部（カネ）		②長期借入金
モノ	建物	50,809	長期借入金	40,898	
	機械装置	7,731	その他	12,509	
	工具および備品	6,713	（合計）	53,407	
	土地	16,830	純資産の部（カネ）		③純資産
	その他	2,169	資本金など	93,745	
	無形固定資産	23,994	社内留保	128,231	
	投資その他の資産	61,216	（合計）	221,976	
	（使い道 合計）	439, 957	（調達 合計）	439, 957	

カネの調達コスト（WACC）を意識しよう

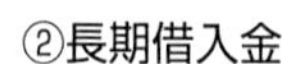

②長期借入金

長期金利 6%

（53,407円）

加重平均
（WACC）
7.6%

③純資産

株主期待 8%

（221,976円）

＜加重平均の計算方法＞

$$\frac{(6\% \times 53{,}407) + (8\% \times 221{,}976)}{53{,}407 + 221{,}976}$$

＝ 7.6%

ポイントBOX

① B/S を見れば会社のカネ調達方法がわかる
②会社の活動目標は WACC（ワック）で示される

10

財務レバレッジの話、無借金が常にベストな訳じゃない

株主からの預かりもの、社内留保はタダじゃない！

リスクと金利の関係

仮に皆さんの手元に余分なお金があって（！）その運用を考える時、「株式」を買うか「債券」を買うかの選択に迫られます。退職金の運用方法を決める時の説明を思い浮かべていただければ理解しやすいかもしれません。一般に**債券投資**には元本割れのリスクはありませんが低利回りです（ローリスク・ローリターン）。他方、**株式投資**には元本割れのリスクがありますが高い利回りを期待することができます（ハイリスク・ハイリターン）。

これは会社の資金調達においても当てはまることで、長期借入金は資金提供者から見ればローリスク・ローリターンの債券、純資産はハイリスク・ハイリターンの株式となります。従って長期借入金より純資産の方が金利は高いのです。

カネの調達方法は大きく見て二通り（銀行から／株主から）

純資産（資本金や社内留保）には返済義務がありませんからタダのカネと誤解されがちですが、実は上記の通り、株主から高い利回りを**期待されて預かっているもの**です。期待を達成できなければ会社の株価は暴落し、敵対的買収や乗っ取り、会社解散の憂き目に遭います。

ですからWACCは経営が果たすべき最低限の目標ということになるのです。

なお計算構造から明らかですが、借入金を増やす程WACCが下がり**経営は楽になります**。

これを財務レバレッジと呼びますが、借入金を増やし過ぎると返済管理に失敗して即時倒産するリスクも高まるので注意しなければなりません。

	要求利回りが高い	要求利回りが低い
危険資産	株式（⇒純資産） ハイリスク・ハイリターン	
安全資産		債券（⇒長期借入金） ローリスク・ローリターン

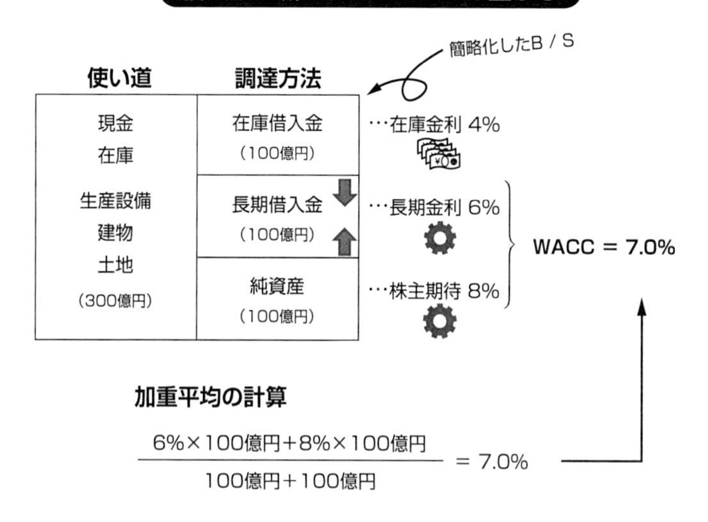

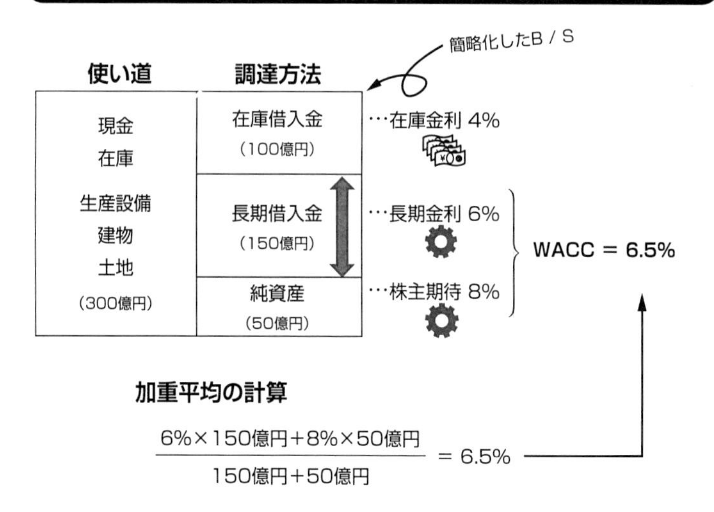

ポイントBOX

①借入金を資金提供者の立場で見るとローリスク・ローリターンの債券
②純資産を資金提供者の立場で見るとハイリスク・ハイリターンの株式

未達成なら、会社は消えてなくなると覚悟すべき

WACCと経営責任、敵対的買収との関係

経理さん、うちのWACCって何%ですか?

もう一度、会社の資金調達の方法を整理しておきましょう。銀行からの借入金による資金調達は一般に株式より利率が低く経営も楽になります(財務レバレッジ)。しかし返済義務があるため、キャッシュの不足で返済管理に失敗すれば会社は銀行との取引を停止され即時倒産に至るかもしれません。他方、株式の発行による資金調達は一般に借入金よりは利率(株主が期待する収益率)が高いのですが返済義務はありません。そのため設備投資や研究開発など息の長い活動に投じることができます。表面的には利子を負担しないため、タダだと誤解されがちなので要注意です。

WACCは会社の公式な活動目標ですから、在庫金利の利率と合わせて決定され内部の関係者に周知されなければなりません。周知されていなければ(周知されていない現場が多いのですが…)**経理部門の方と相談してみて下さい。**

株価とWACCの深い関係

仮にWACCが関係者に周知されず達成されなかったら何が起こるか考えてみましょう。投資家にとって、株式を買うこと=会社を買うことであり、それは実質的にB/S上の純資産を買うことです。つまり純資産が100億円の会社があれば、その会社の値段は100億円だということです。更には将来の会社の成長への期待も上乗せし、株式の時価総額は純資産をやや上回ることが通例です(**左下図**)。ところが会社が経営責任を果たせずWACCを達成できないと、株式の時価総額(例えば80億円)が純資産(例えば100億円)を下回るケースが出てきます。これは、例えば誰かが全株式を買い占めて会社を支配した上で借入金を返済、**会社を解散して資産を売却**すれば「差益」が出る可能性があることを意味します(敵対的買収)。このようにして社会から支持されなくなった会社は、様々な市場メカニズムによって淘汰されてしまうのです。

B/S と WACC の関係

（単位：円）

B / S

カネの使い道		カネの調達方法			
資産の部（現金と在庫）		**負債の部（在庫借入金）**			
現金	76,093	買入債務	68,042	在庫借入金 4%	
売上債権	143,133	短期借入金	24,373		
製品	14,856	未払金	26,148		
仕掛品	7,513	その他	46,011		
原材料	10,889	（合計）	164,574		
その他	18,011				
資産の部（モノ）		**負債の部（カネ）**			加重平均（WACC）7.6%
建物	50,809	長期借入金	40,898	長期金利 6%	
機械装置	7,731	その他	12,509		
工具および備品	6,713	（合計）	53,407		
土地	16,830	**純資産の部（カネ）**			
その他	2,169	資本金など	93,745	株主期待 8%	
無形固定資産	23,994	社内留保	128,231		
投資その他の資産	61,216	（合計）	221,976		
（使い道 合計）	439,957	（調達 合計）	439,957		

株式時価総額と純資産の関係

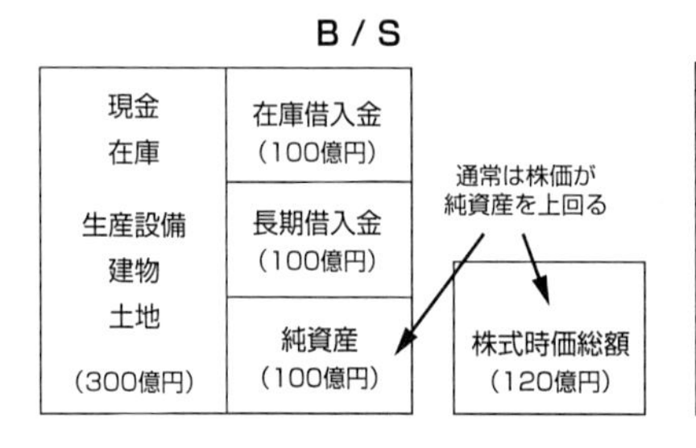

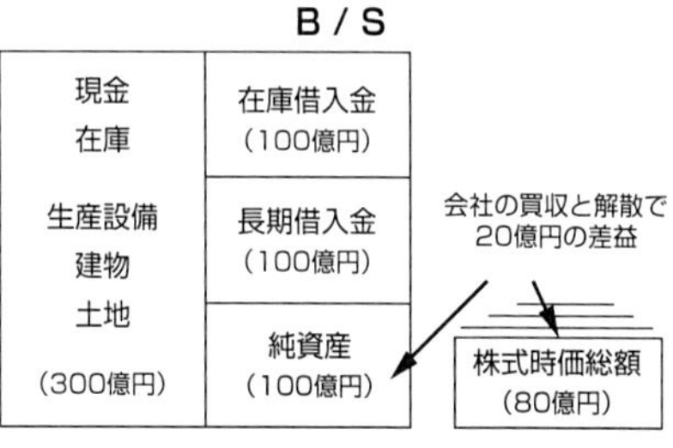

① WACC は関係者に周知されなければならない
②株式時価総額が純資産を下回ると会社は危ない

12

誰も在庫金利を計算してみたことがなかった？

在庫管理の基本、コストとしての在庫金利

変動費としての在庫金利

在庫削減は極めて多くの会社で掲げられている重要な活動です。在庫金利の管理をどの程度精緻にやるか／やらないかは、それぞれの会社のポリシー次第なのですが、もし在庫削減に本気で取り組むのであれば、在庫金利の評価方法を予めきちんと定め在庫削減の効果をしっかり金額で把握しなければなりません。

在庫量の増減は、銀行から**都度に借入れる在庫借入金**（≒運転資金と呼ばれるもの）を増減させます。その結果、運転資金の借り入れに伴う金利も増減しますから、在庫削減の効果は在庫金利の増減として表れてくることになるのです。

在庫金利の計算の基本

在庫金額に在庫借入金の利率を乗じれば金利の額が求まります。在庫金額として用いる数値には様々なケースが想定されますが、ここではB／S上の**原材料、仕掛品、製品、売上債権の合計**として理解下さい（後程、詳細を説明致します）。左上図では在庫金額（１７６３９１円）に利率４％を乗じ、在庫金利（７０５６円）を求めています。

在庫借入金を管理する

在庫調達に充てられる在庫借入金は短期間で返済しなければならない借入金です。短期に返済すべき借入金が多すぎれば返済に失敗するリスクが高まります。他方で在庫借入金を過度に減らし、資産を在庫調達に回してしまうと不必要に高い利率を負担する結果となります。適切な在庫金利の管理のためには在庫と在庫借入金を**適切にバランス**させなければなりません（**左下図**）。

（参考）在庫と現金の合計と在庫借入金の比を流動比率と呼ぶことがあります。流動比率は一般的に１５０％程度に維持することが望ましいとされています。

在庫金利の計算の基本

（単位：円）

B／S

カネの使い道		カネの調達方法	
資産の部（現金と在庫）		**負債の部（在庫借入金）**	
⑤現金	76,093	買入債務	68,042
④売上債権	143,133	短期借入金	24,373
③製品	14,856	未払金	26,148
②仕掛品	7,513	その他	46,011
①原材料	10,889	（合計）	164,574
その他	18,011		
資産の部（モノ）		**負債の部（カネ）**	
建物	50,809	長期借入金	40,898
機械装置	7,731	その他	12,509
工具および備品	6,713	（合計）	53,407
土地	16,830	**純資産の部（カネ）**	
その他	2,169	資本金など	93,745
無形固定資産	23,994	社内留保	128,231
投資その他の資産	61,216	（合計）	221,976
（使い道 合計）	439,957	（調達 合計）	439,957

在庫
176,391円

在庫借入金
164,574円

利率 4%と仮定

在庫金利
＝176,391×4%
＝7,056円

在庫と在庫借入金をバランスさせる

①在庫金利は変動費
②在庫と在庫借入金はバランスさせる

13 経営資源としてのモノ、減価償却の基本

生産設備の減価償却、定額法・定率法と即時償却

仮定計算としての減価償却

B／Sにおいて、在庫の下に列記されているのが経営資源の一画をなす生産設備（モノ）です。建物、機械装置、工具および備品などが該当します。生産設備は長期の使用により摩耗し、あるいは旧式化していきます。その度合いが限界を越えれば廃棄されたり更新されることになるでしょう。こうした摩耗や旧式化の進み具合は一般には合理的に測定できないため、**一定の仮定を置いてモデル計算**され、計画的に費用化されていくことになります。これを減価償却と呼びます。減価償却には代表的な二つの計算モデル（定額法と定率法）があります。

定額法と定率法

定額法は、一定の金額で費用化を進めていく計算方法です（**左上図**）。例えば当期に1000円で購入した生産設備があり、それを5年後に10％の100円で売却処分できると仮定する場合、5年間で900円の減価償却を行なわなければなりません。900円÷5年＝180円なので、毎年180円の減価償却費を計上します。

これに対して定率法は、一定の比率で費用化を進めていく計算方法です（**左下図**）。先程と同様、5年後の売却価格を10％と仮定し、それまでに90％の減価償却を行わなければならない場合、毎年の残存額は前年の残存額に償却率63％（＝10％の5分の1乗）を乗じることで求まります。毎年の残存額の差が減価償却費です。

経理部門で方針を決定し、周知する

減価償却はモノへの価値分配ですが、計算対象となるモノによって計算モデル（定額法・定率法、その他）や使用期間、売却価格などが異なり様々です。ですから経理部門において**会社としての公式値**を求め、関係者に周知しておく必要があります。

なお、減価償却は仮定により毎年の金額が変わってしまうため何かと不都合です。そこで管理会計上は、例えば当期に1000円で購入、5年後に100円で売却する場合、当期に900円即時償却することがあります。

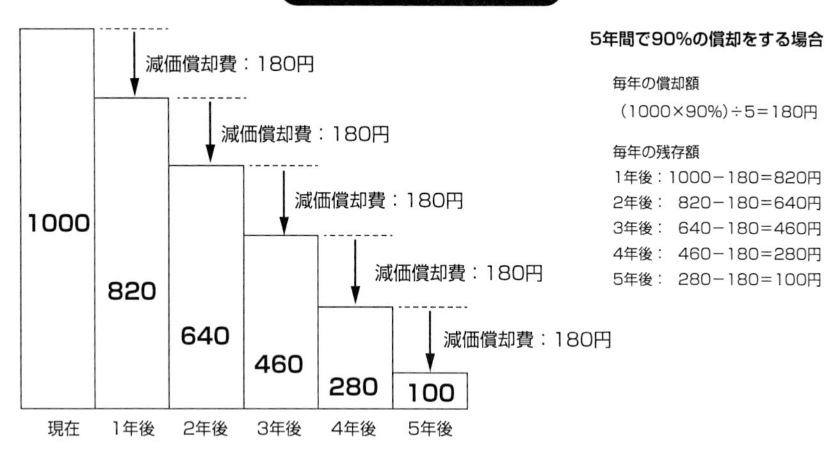

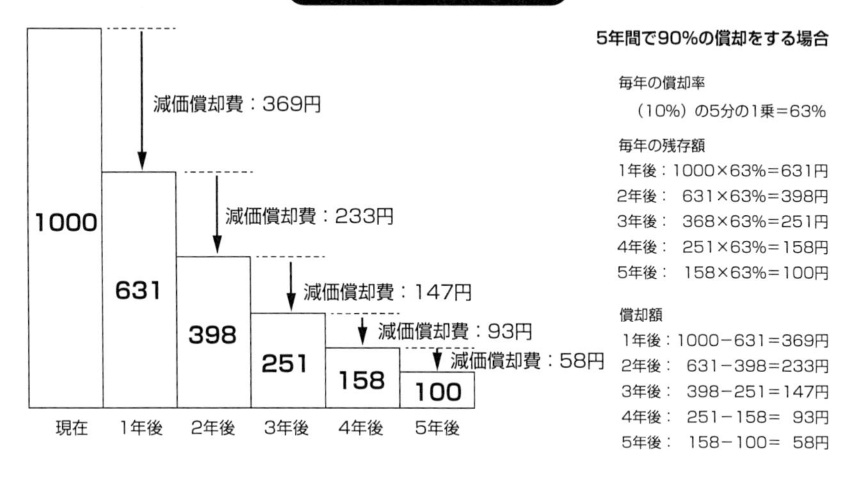

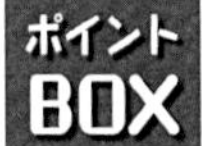

①減価償却費は、一種の仮定計算
②代表的な定額法や定率法の他に、即時償却などもある

財務会計のP／Lは、たった5行だった！

肝心なことが全くわからない財務会計のP／L

必要な情報が得られない財務会計のP／L

ここまで管理会計のB／SやP／Lを見てきましたので、財務会計のP／Lについても具体例を見ておきましょう。財務会計のP／Lは一見すると複雑です。特に「営業外損益」や「特別損益」に記載されている項目には難解なものが多いので驚かされます（**左上図**）。しかしそれぞれの項目を、売上高を100％とする百分率で示すと、殆どが1％未満であり金額的重要性に乏しいことがわかります。これらを無視すれば財務会計のP／Lの核心部分は**最初の5行だけなのです！**　その一方で、利益や付加価値を最大化していくために検討すべき「売上原価」や「販売費および一般管理費」については内訳が示されていません。ただ単に示されていないだけでなく、実際に適切に管理されていない現場が多いようです。**「販売費および一般管理費」**という名称は曖昧で性格もわかりません。更には事業が生み出した付加価値が財務会計のP／Lにはどこにも表現されていないことを併せて確認しておいて下さい。

財務会計の目標は、株主への分配額と課税額を計算すること

実は、財務会計における売上原価は実質的に製造原価を意味しています。他方、販売費および一般管理費というゴミ箱然とした名前の費用は実質的に製造原価以外の全ての費用です（**左下図**）。このように財務会計がサプライチェーンから製造原価だけを切り出して特別な管理をするのは歴史的な経緯によるものです。財務会計の枠組みがデザインされたのは概ね100年前でした。

100年前にデザインされた財務会計は100年前の経営課題に取り組むためには有効なツールでしたが、今ではすっかり使い勝手が悪くなっています。それでも財務会計が維持されているのは、変化の少ない会計により株主への分配額（株主利益）を明示することと、その結果に基づき公平な課税を行うためです。今日の財務会計は事業の課題を明確にし、それに手当てしていくためのものではありません。

財務会計の P/L の例

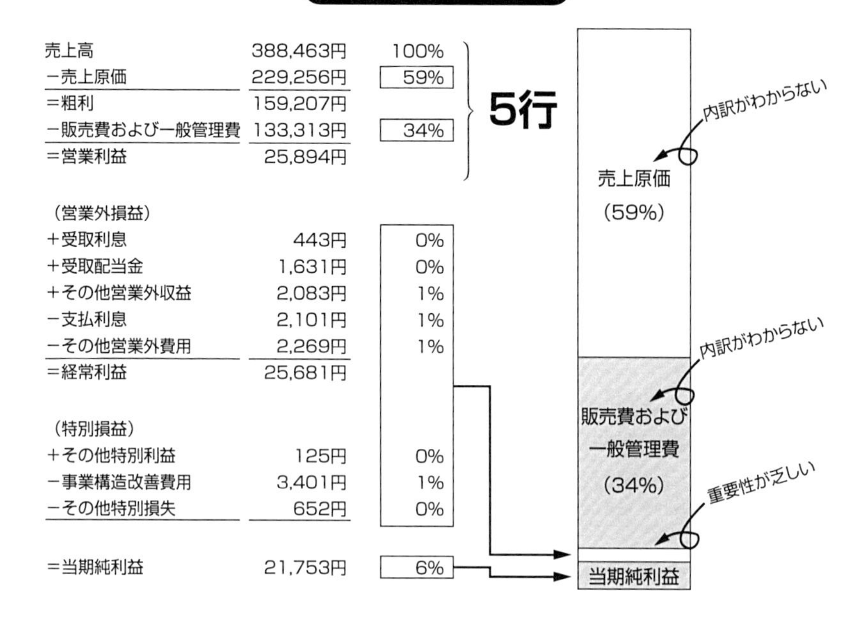

売上高	388,463円	100%
−売上原価	229,256円	59%
＝粗利	159,207円	
−販売費および一般管理費	133,313円	34%
＝営業利益	25,894円	
（営業外損益）		
＋受取利息	443円	0%
＋受取配当金	1,631円	0%
＋その他営業外収益	2,083円	1%
−支払利息	2,101円	1%
−その他営業外費用	2,269円	1%
＝経常利益	25,681円	
（特別損益）		
＋その他特別利益	125円	0%
−事業構造改善費用	3,401円	1%
−その他特別損失	652円	0%
＝当期純利益	21,753円	6%

財務会計の基本構造（たった５行！）

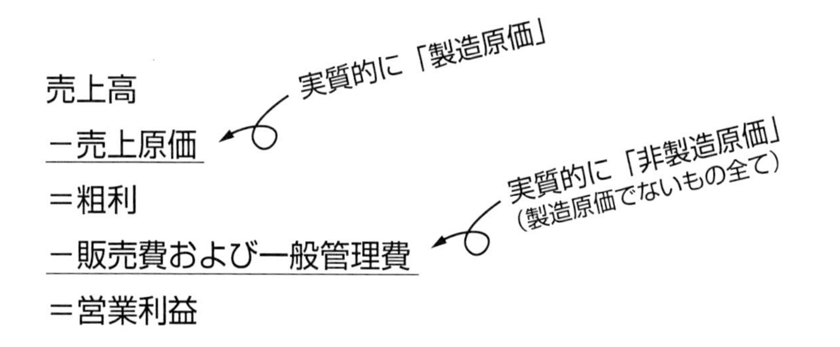

ポイントBOX

①財務会計の P/L は、製造原価だけを重点管理する構造を持つ

②原価の全体や内訳がわからないので適切なコスト管理ができない

100年前に何があったのか?

財務会計と工場叩きの深い関係

ヘンリーフォードが達成したコストハーフ

財務会計が製造原価だけを重点管理するに至った背景を知るために、100年前に何があったのか見ておきましょう。当時アメリカではヘンリーフォードが劇的なコストダウンに成功していました。T型フォードという唯1種類の自動車を大量生産することでコストハーフを達成し市場を席巻したのです。その時のコストダウンの要が**ベルトコンベアシステムの発明**でした。1910年に1000ドル近かったT型フォードの価格は、5年後には2分の1になっています(**左上図**)。「売価の動き≠原価の動き」だったと仮定すれば、この間にコストハーフが達成されたことになります。ところでフォードはどんな費用のコストダウンに成功したのでしょうか? 一般に製造原価は三つの要素(材料費、労務費、経費)で成り立ちますが、ベルトコンベアシステムにより削減されたコストがあったならそれは労務費だった筈です。実際にT型1台当たりの組み立て時間は、10時間以上だったものが1時間半にまで短縮されたと言われます。正に製造原価(とりわけ製造労務費)の厳重な管理こそ競争力の源泉だった訳です。当時は労使対立が激しかったことも財務会計のデザインに影を落としていたかもしれません。

モノづくりが直面している一つの異変

恐らく今日でも、モノづくりにおける一つの成功イメージは労務費のコストダウンでしょう。それは多くのカイゼンのテキストが大半のページを作業効率の改善に割いていることからも見て取れます。しかし近年、**原価に異変が起きています。**かつて概ね同じ割合だった材料費、労務費、経費の内、近年顕著に突出しているのが何だかおわかりでしょうか?(**左下図**) 実は答えは材料費であり、労務費の比率は著しく小さくなってきているのです。これは関係者の長年の努力の成果ではありますが、今後のさらなる労務費削減は容易ではないでしょう。T型フォードから100年、事業環境が大きく変わり「作る」ことの価値は小さくなりました。しかし100年前の会計では、新しい勝負どころが見えてこないのです。

ベルトコンベアの導入で削減されたコストは何でしょう？

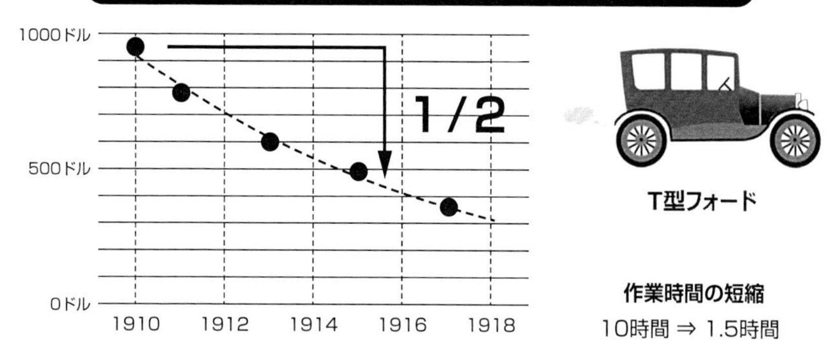

ヘンリーフォードのコストダウン

近年、突出しているのは何費でしょう？（材料費 or 労務費 or 経費）

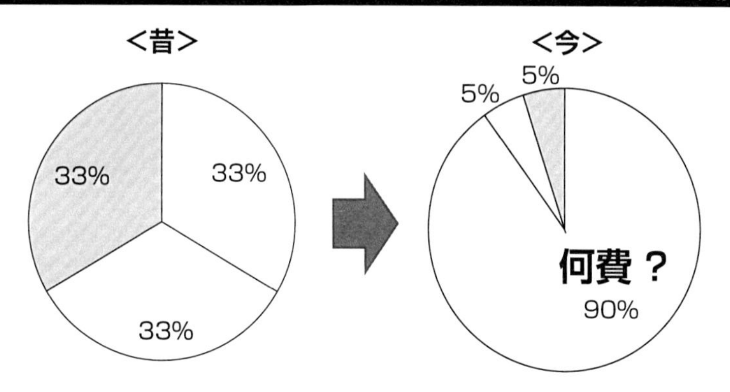

標準化、自動化、デジタル化、技術の普遍化が事業環境を大きく変えた

①今日では、製造労務費の削減の余地は小さい
②財務会計のP/Lでは、新しい勝負どころが見えてこない

やっぱり新しい会計が必要だ！

財務会計の形がパラダイムシフトを妨げていた

財務会計では損益分岐点分析ができない

　左記の通り、財務会計と管理会計の構造は一見するとよく似ています。しかも財務会計では「売上原価」と「販売費および一般管理費」が、それぞれの名称の印象から売上数量に比例して増減する変動費／売上高に比例して増減しない固定費であると錯覚されやすいため、重大な経営判断のミスを招いてしまうことがあります。

財務会計の構造

売上高
－売上原価
＝粗利
－販売費および一般管理費
＝営業利益

管理会計の構造

売上高
－全ての変動費
＝付加価値
－全ての固定費
＝残余利益

　例えば多くの現場で、売上高が2倍になれば売上原価と粗利も2倍になり、販売費および一般管理費は動かないと錯覚されているケースは少なくありません（左上図）。しかしそれは誤りです！　売上原価と販売費および一般管理費は、共に**固定費と変動費の混合物**だからです。他方、管理会計なら正しい予測が可能です（左下図）。

サプライチェーン全体を一体管理すべき理由

　サプライチェーンにおける「作る」という活動の重要性がすっかり小さくなってしまった今日、製造部門の活動と非製造部門の活動を区別して管理する意義はなくなりました。サプライチェーン上の**全ての活動が高度に一体化**していることを思えば、製造部門と非製造部門を敢えて区分することは有害であり、実務的にも困難です。そしてこの無理な区分が、財務会計における不適切な調整や駆け引きの温床となり、ビジネスモデルに生じつつある致命的な問題の認識を遅らせてしまうのです。

　１００年前の財務会計のデザインが、製造業のパラダイムシフトを妨げています。

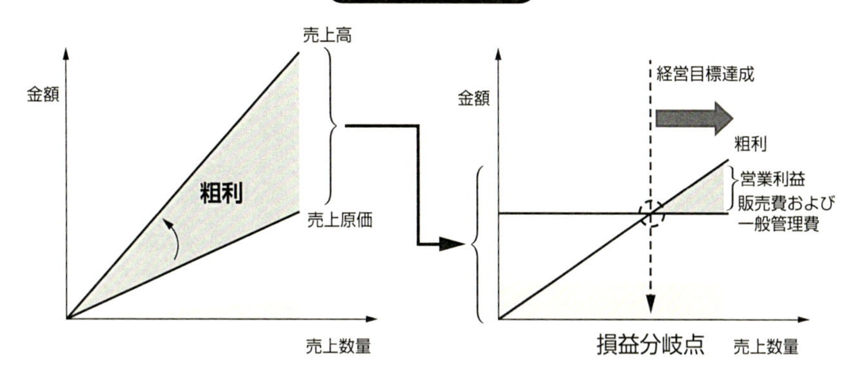

これは錯覚　　　これも錯覚

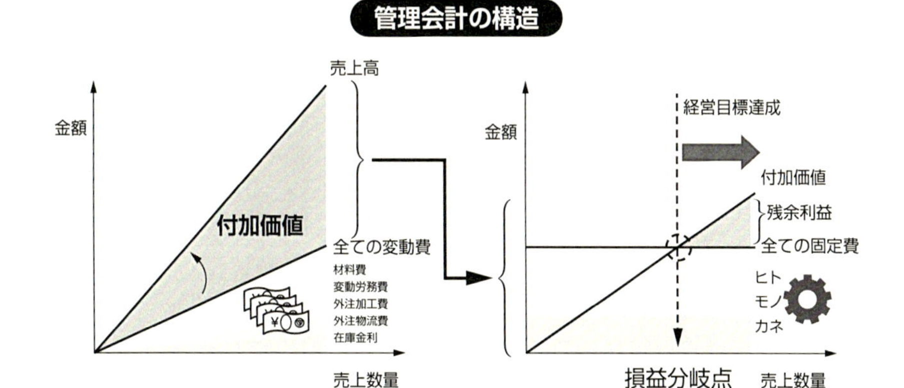

成り立つ！　　　成り立つ！

ポイントBOX
①財務会計と管理会計が似ているのは表面だけ
②財務会計に対する錯覚が、重大な経営判断の誤りを招く

これじゃあ、目をつぶって運転する車

変動費と固定費をきちんと分離しないと起こること

ビジネスモデルの転換が急務

管理会計は変動費と固定費の分離を徹底していますので、損益分岐点分析そのままに利益計画を立てることができます。例えば左上図では、今年の売上高１０００万円から変動費１０１０万円（製造部門のコスト８５０万円と非製造部門のコスト１６０万円の合計）を差し引いて付加価値が▲10万円の赤字となっています※。更に製造部門の固定費40万円と非製造部門の固定費50万円を差し引くと残余利益は▲１００万円の赤字となりました。付加価値が▲10万円の赤字なので、売り上げを伸ばせば伸ばすほど**状況は悪くなります。**このように管理会計を使えば、この事業はビジネスモデルの限界に直面しており、パラダイムシフトが急務であることがわかります。

（※）通常、この管理会計では製造部門／非製造部門という区分をしませんが、次に説明する財務会計との比較を容易にするため、ここでは敢えて区分をしています。

売って、売って、売りまくれ？

ところが財務会計では先程の深刻さが見えてきません。今年の売上高１０００万円から売上原価８９０万円（製造部門の変動費８５０万円と固定費40万円の合計）を差し引くと粗利は１１０万円の黒字です。そこから販売費および一般管理費２１０万円（実態は、非製造部門の変動費１６０万円と固定費50万円の合計）を差し引くと▲１００万円の営業赤字となりました。もちろん同じ事業のＰ／Ｌですから、管理会計の赤字も財務会計の赤字も▲１００万円で同じです。しかし財務会計では粗利が黒字に見えることから（！）、売り上げさえ伸ばせば（例えば売上を2倍にすれば）状況が改善すると錯覚してしまうのです。こうして経営上の課題に気づかず、ビジネスモデルのパラダイムシフトに勇気ある一歩を踏み出さなければ、事業の立て直しは手遅れになるでしょう。これは**新たな勝負どころである非製造部門のコスト**（変動費）が、販売費および一般管理費の中に雑然と混じってしまっているために生じる問題なのです。

管理会計による予測（真実）

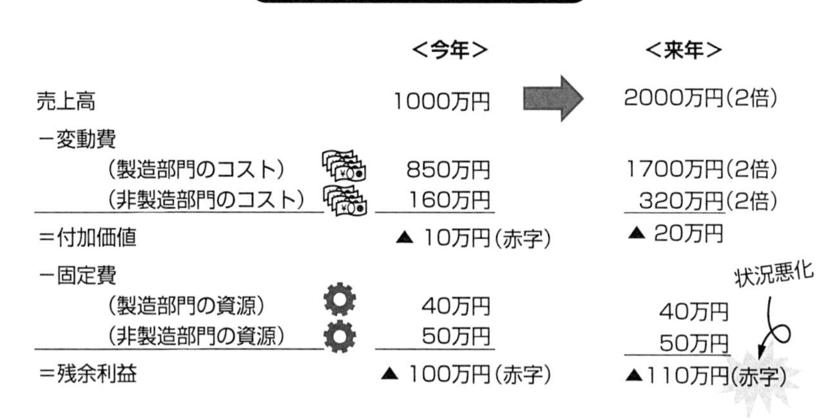

	＜今年＞	＜来年＞
売上高	1000万円	2000万円(2倍)
−変動費		
（製造部門のコスト）	850万円	1700万円(2倍)
（非製造部門のコスト）	160万円	320万円(2倍)
＝付加価値	▲ 10万円(赤字)	▲ 20万円
−固定費		
（製造部門の資源）	40万円	40万円
（非製造部門の資源）	50万円	50万円
＝残余利益	▲ 100万円(赤字)	▲110万円(赤字)

頑張っても赤字！ ビジネスモデルの転換が急務だ!!

財務会計による予測（錯覚）

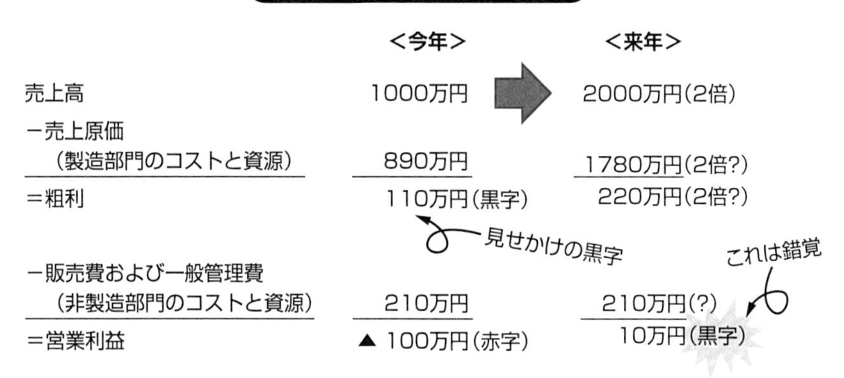

	＜今年＞	＜来年＞
売上高	1000万円	2000万円(2倍)
−売上原価		
（製造部門のコストと資源）	890万円	1780万円(2倍?)
＝粗利	110万円(黒字)	220万円(2倍?)
−販売費および一般管理費		
（非製造部門のコストと資源）	210万円	210万円(?)
＝営業利益	▲ 100万円(赤字)	10万円(黒字)

売上2倍を目指しても、本当は黒字にならない

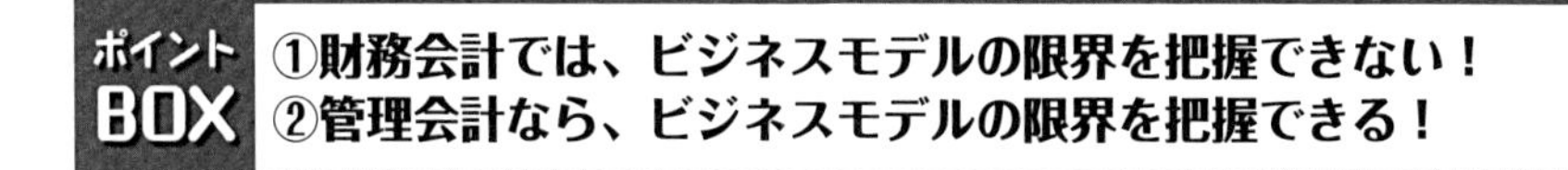

これからも「七つのムダ」だけでよいのか？

１００年前の会計と60年前のモノづくりでは、ヒトも育たない

カイゼンの「七つのムダ取り」を点検する

財務会計のＰ／Ｌだけを使う限り、どうしても製造原価のコストダウンという発想に引きずられてしまいます。それは伝統的なカイゼンの「七つのムダ」にも表れています。七つのムダへの取り組みは今後も重要ですが、他に優先度の高い課題がないかどうかについては**サプライチェーン全体**を見渡し慎重に再点検しなければなりません。

材料費に関わるムダ	①つくりすぎのムダ、⑦不良を作るムダ
労務費に関わるムダ	①つくりすぎのムダ、②手待ちのムダ、③運搬のムダ、④加工のムダ、⑥動作のムダ、⑦不良を作るムダ
外注加工費に関わるムダ	（該当なし）
外注物流費に関わるムダ	
在庫金利に関わるムダ	⑤在庫のムダ…但し「見える在庫」のみ

これでは人も育たない！

更に重要な問題は、工場の作業者が**コストなのか？／資源なのか？**です。１００年前の社会では、モノづくりに従事する作業者はコストでした。ベルトコンベアによる分業化と、熟練労働の単純作業への置き換えがその傾向を強めました。その一方で伝統的な日本のモノづくりはカイゼンを基礎とし、固定費の正社員を前提としたビジネスモデルを育みました。つまり**作業者はコストではなく資源だった**のです。しかし製造部門の人員をコストと見做す財務会計が製造部門に偏った労務費削減を促し、モノづくりを担う人材の切り捨てを起こしました。財務会計だけを使い続ければ資源としてのヒトは育ち難いのです。

今改めてカイゼンを復活させるのか？　それともカイゼンに決別する覚悟を決めるのか？　仮にカイゼンに代わる新しいビジネスモデルを目指すなら、それはどんなものなのか…　日本のモノづくりは岐路に立っています。

管理会計はチェーン全体を見る

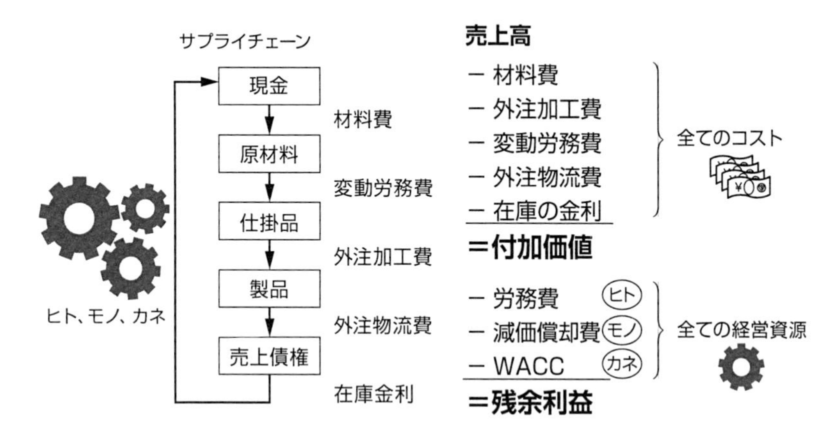

財務会計は工場だけを叩く

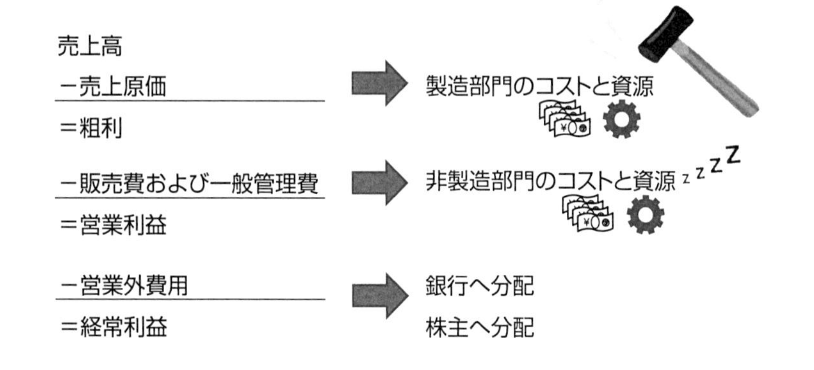

製造部門だけがコストに見える、製造部門の人材もコストに見える

①ヒトをコストと見るか資源と見るかで、ビジネスモデルは大きく変わる
②ヒトをコスト化すれば、技術力やカイゼン力は失われる

勝負どころが変わった！

製造業から創造業へのパラダイムシフト

今までは、作っていればそれでよかった

従来の財務会計の構造にも明らかなように、かつての製造業の価値源泉は「作る」にありました（何と言っても「製造」業ですから！）。「作る」を管理し**製造労務費を節減するため**にこそ、長いサプライチェーンの中から製造部門が特に切り出され、売上原価として重点管理されてきたのです。それは生産技術部のあり方（何と言っても「生産」技術ですから！）やカイゼンの「七つのムダ」にも表れています。「作る」は今でも重要な活動ですが、その管理だけでは価値を生み出せなくなってしまったという厳しい現実もあります。

製造業から創造業へ…これからは全員がホワイトカラー

「作る」という活動は、従来は現場の作業者が担う努力でした（コストの管理）。しかしこれからは製品やサービスを「創る」、あるいは競争力ある原価を「企画する」といったホワイトカラーの担う努力が新たな勝負どころとなるでしょう（経営資源の管理）。即ち、製造部門／非製造部門の分け隔てなく全社員が経営資源としての生産性を問われ、**新たな価値創造に取り組む時代**なのです。これは製造業から創造業への移行であり、サプライチェーンからバリューチェーンへの移行であるともいえます（**左上図**）。資源の生産性を向上させるためには、二つの見える化が大前提となります。

① 経営資源の全体の見える化（即ち固定費の見える化）
② 経営資源が生み出した価値の見える化（即ち付加価値の見える化）

生産性を問わなければ成長はありません。人はコストですか？／資源ですか？　人材（ヒト）はどうしたら育つでしょう？　**仮にIoTの時代になったら**コストをどう定義すべきでしょうか…　ビジネスモデルが変われば当然にコストの概念も変わります。会計を問うことは、会社のビジネスモデルの在り方を問うことでもあるのです。

サプライチェーンでバリューチェーンを回す

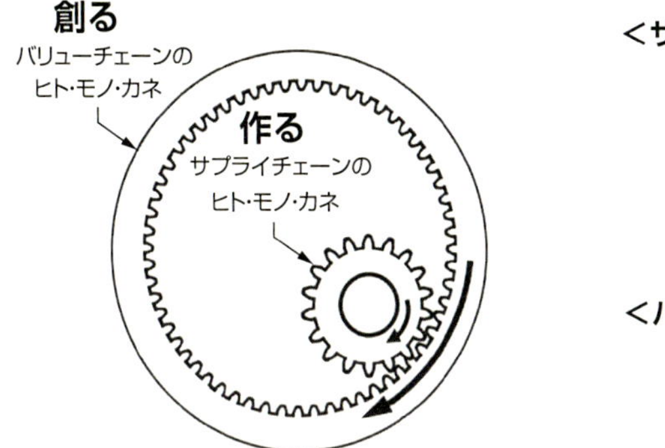

＜サプライチェーン＞

作って売る

＜バリューチェーン＞

創って売る

100年間のバランスの変化

＜製造業モデル＞

価値の源泉……コストダウン力

- ✔ 製造労務費の節減
- ✔ 現場のカイゼン力

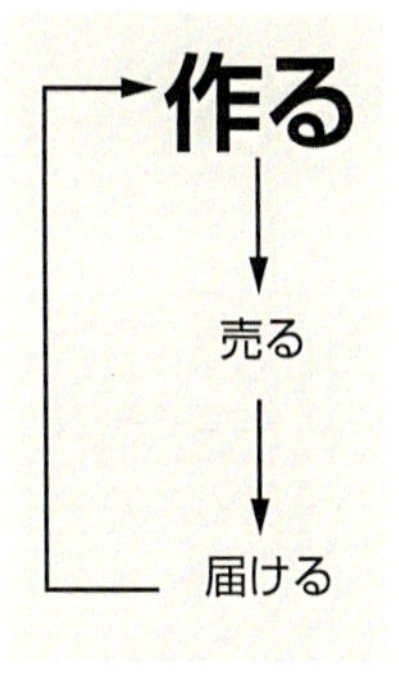

管理の重点……製造原価（特に労務費）

＜創造業モデル＞

価値の源泉……価値を提案する力

- ✔ ホワイトカラーの生産性
- ✔ 原価知識、原価企画の力
- ✔ 製品からサービスへのシフト
- ✔ IoTへの対応

IoTへの対応……例えば

- ✔ カスタマイズ生産
- ✔ 超短納期化の実現
- ✔ モノ売りからコト売りへのシフト
- ✔ 注文方法や支払方法の利便性
- ✔ アフターサービスの充実

管理の重点……資源全体の生産性

ポイントBOX

①もはや「作る」だけでは大きな価値は生み出せない
②製造業が創造業へと進化すれば、コストの概念と会計は大きく変わる

20 サプライチェーン・マネージメントは会計から

会計が変わらなければ、ヒトの行動も変わらない

財務会計の限界

今まで、会計に難しさを感じて敬遠する方が多かったのかもしれません。それはどうやら会計（財務会計）側にも問題があったのです。１００年前にデザインされた財務会計は今日でも大切な役割を担っています（左上図）。しかし事業環境の大きな変化により意義を失ってしまった部分があることも改めて認識されなければならないでしょう。

財務会計は外部の方に経営状態をキレイに見ていただくための会計です。残念ながら、それは経営上の課題を明らかにし果敢に手当てしていくための会計ではありません。そのことが、**会計（財務会計）が難しく退屈**になってしまった原因の一つなのです。

- ✔ 財務会計で黒字化計画が立てられるか?……ＮＯ
- ✔ 財務会計でコストの内訳や全体像が把握できるか?……ＮＯ
- ✔ 財務会計でコストダウンを推進できるか?……ＮＯ
- ✔ 財務会計で会社の収益力が見えるか?……ＮＯ
- ✔ 財務会計で経営課題が見えるか?……ＮＯ
- ✔ 財務会計でホワイトカラー（資源）の生産性を向上できるか?……ＮＯ

どうしても、新しい管理会計が必要

変動費と固定費の分離が不徹底でサプライチェーンを一体的に管理できない財務会計では、新しいビジネスモデルを生み出し管理することができません。財務会計は管理会計の代用にはなり得ないのです。やはり、新しい管理会計が必要です（左下図）。

管理会計は私的な会計ではありますが、管理会計上の指標が改善されることは**会社が真に良くなること**であり、財務会計上の指標も必ず改善されるのです。他方、財務会計を良くする努力（良く見せる努力）は必ずしも会社を良くすることに繋がらないケースがあることは、繰り返される会計不祥事を見ても明らかでしょう。

財務会計とは何か？

1．法定された会計

2．過去の会計

過去の結果をきれいに見せる

100年前にデザインされた

IoTには対応できない

3．不変の会計

大きく変わらないことに意味がある

4．工場を重点管理するための会計

製造原価だけが厳しく管理される

5．株主利益を計算するための会計

株主の利益を計算する

公平な課税の基礎になる

売上高
−製造原価
＝粗利

−非製造原価

＝営業利益

−営業外費用
＝経常利益

管理会計とは何か？

1．自由な会計

2．未来の会計

手当てしていくべき経営課題を明確化する

環境が変わればデザインも変わっていく

IoTにも対応できる

3．変化の会計

変わりつづけることに意味がある

4．サプライチェーン全体を管理するための会計

全ての変動費が管理される

5．付加価値を最大化するための会計

付加価値を明らかにし、最大化を目指す

資源（ヒト・モノ・カネ）の生産性を明らかにする

資源（ヒト）を育てることを目指す

売上高
−全ての変動費 ← コスト
＝付加価値

−労務費　（ヒト）
−減価償却費　（モノ）
−WACC　（カネ）
＝残余利益

（ヒト・モノ・カネ ← 資源）

ポイントBOX

①管理会計は、経営課題に適切に手当てするためデザインされる

②財務会計で、管理会計を代用することはできない

column

私達の原点

綱領

産業人タルノ本分ニ徹シ
社會生活ノ改善ト向上ヲ圖リ
世界文化ノ進展ニ
寄與センコトヲ期ス

これは経営の神様と言われる松下幸之助が掲げた綱領です。社会生活の改善・向上と世界文化の進展に寄与すべきことが示される一方で、どこにも「儲けよう」と書かれていないことが印象的です。お客様の役に立つこと、これが私達、日本の製造業の原点だったのでした。

「儲け」とは社会貢献（ミッション）の結果であって、必ずしも第一義的な目的ではなかったことを私達は再確認しなければなりません。なぜなら、儲けという言葉には「お客様を騙してでも」というニュアンスを伴いますが、ネット社会の今日、お客様を騙せば事業は致命傷を負うからです。また、「儲けよう」では何をすべきか具体的にイメージできず関係者の活動の軸が定まりません。会社の活動はバラバラになってしまいます。しかしながら会社のミッションを明確にし、社会の様々な課題を会計的に最善な方法で解決しようと努力するなら、関係者の活動の軸はブレなくなり結果として大きな利益を手にすることができるでしょう。それが製造業が果たすべき本来の役割であり、その実行ツールが新しい管理会計なのです。

変動費の管理…儲けの最大化（かせぐ）

財務会計における「販売費および一般管理費」というゴミ箱のような名前（！）の費用は実質的に「非製造原価」を意味するものです。これに対して「売上原価」は実質的には「製造原価」を意味しています。

製造業者の売上原価が製造原価であることは一見当然のようですが、サプライチェーン全体を見渡せば非製造原価の中にも重要なコストが潜んでいます。むしろ今日では、製造原価だけを切り出して特別な管理をする意義はなく、サプライチェーン全体を一体化した変動費（コスト）の管理の仕組みこそが必要になりました。

きっとそこから、これからの製造業が目指すべき新しいビジネスモデルも見えてくるでしょう！

21 コストと戦うなら、毎日、差異をチェックせよ！

標準値管理をしないものは「変動費」と呼ばない

PDCAを回し、差異をきちんと出すということ

変動費とは、必要な都度、必要な量だけ、外部から調達されるコストです（左上図）。そしてその使用がでたらめにならないよう、必ず標準値を定めます。

変動費の管理のポイントは、標準値である「標準原価」と実績値である「実際原価」を毎日比較し、毎日、**差異のチェックをすること**です。不利な差異があれば原因を調べて直ちに対策し、有利な差異があれば他の製品への迅速な応用を目指さなければなりません（左下図）。

ところが財務会計では、コストの内訳や差異の状況を開示している事例がほとんどありません。開示されていないだけでなく、**内部の関係者ですら**発生状況を認識できていないケースが少なくないようです。これではモノづくりは進化しません。

たとえ厳しい現実ではあってもコスト（変動費）の内訳を正しく把握し、差異の管理をしっかり行っていくことは、製造業復活の大前提です。

変動費の例

以下に変動費を例示します（比較のため固定費も示しました）。これは一般的な状況を想定した場合の変動費ですが、実際には会社のビジネスモデルにより様々でしょう。変動費を見分ける**決め手は、標準値を定めた目標管理**をするか、しないか、です。

	変動費の例（標準値を定めた目標管理をするもの）	固定費の例（標準値を定めた目標管理をしないもの）
材料費	樹脂・木材・金属などの素材、ネジ部品、水道光熱費（目標管理する場合）	潤滑油、軍手、ウェス水道光熱費（目標管理しない場合）
労務費	パートの労務費、アルバイトの労務費	固定給の給与、年俸制の給与、委託研究費
経費	外注加工費、外注物流費	生産設備や工場建屋の減価償却費 委託警備費、その他の固定的に支払う経費
金利	在庫金利	長期借入金の金利と株主期待（WACC）

変動費とは、必要に応じて外部から調達するコスト

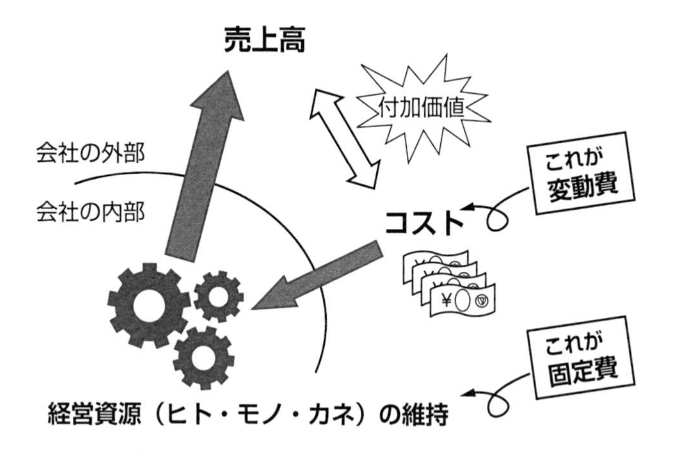

変動費の管理の基本（毎日回す PDCA）

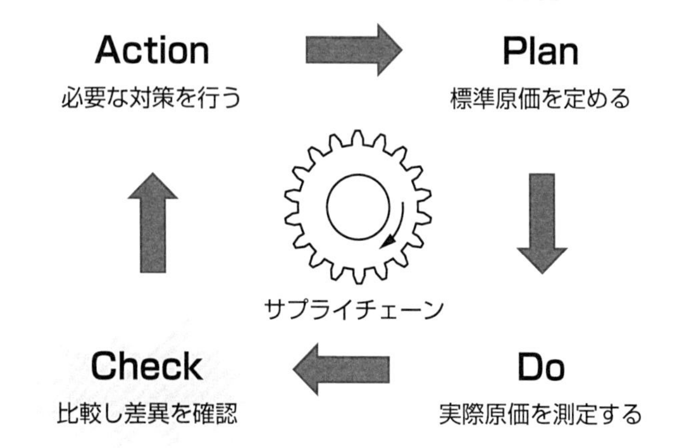

ポイントBOX
①標準値を定めて目標管理するものを変動費という
②変動費の管理の基本は、毎日差異をチェックすること

戦場は、工場の中だけじゃあない！

無駄なく強固なサプライチェーンを構築する

変動費の本質

固定費と変動費の一般的な分類方法として、散布図法、高低点法、最小自乗法、勘定科目法などが紹介されます。しかし勘定科目法以外の方法は過去の分析であり、受け身の分析でもあることから、未来に向かう管理会計においては最適とは言えません。管理会計における望ましい分類方法は勘定科目法です。これは、会社が**自らの管理方針に基づいて**能動的に変動費と固定費を区分するものです。そして管理会計における変動費の定義は、「標準値を定め、差異の管理をするコスト」でした。

ポイントは、原価企画とその遵守

サプライチェーンの各ステージにおけるコストを概観すると、主なものには材料費、変動労務費、外注加工費、外注物流費、在庫金利などがあります（**左上図**）。これらの標準原価と実際原価の差異は、概ね**価格的な差異**と**数量的な差異**に区分されます（**左下図**）。今日のモノづくりが高度に自動化され標準化されていることを前提とすれば、これから特に重要な管理対象は、①材料の価格差異、②外注加工費の差異、そして③会社の活動の直接の管理外にある外注物流費などでしょう。日本のモノづくりでは伝統的にカイゼン活動が盛んだったため、作業時間の差異（標準時間と実際時間の差異）にばかり目が向きがちですが、今日の製造現場における労務費管理の原則は、研究開発や製品設計（原価企画）で定められた標準時間をきちんと守ることに尽きます。（標準時間に誤りがあれば設計部門にフィードバックします。）

コストの内訳を把握せずにコストダウン活動を行うと（なぜかそういう現場が多いのですが…）、取り組むべき課題の優先順位が正しく判断できません。達成の見込みのないコストダウン活動は**会社の資源と時間を浪費**し、現場には敗北感だけが残ります。変動費管理の基本はコストダウンを闇雲に推進することではなく、予め設計された標準原価を遵守しつつ無駄のないサプライチェーンを構築することにこそあるのです。

管理すべき差異の例

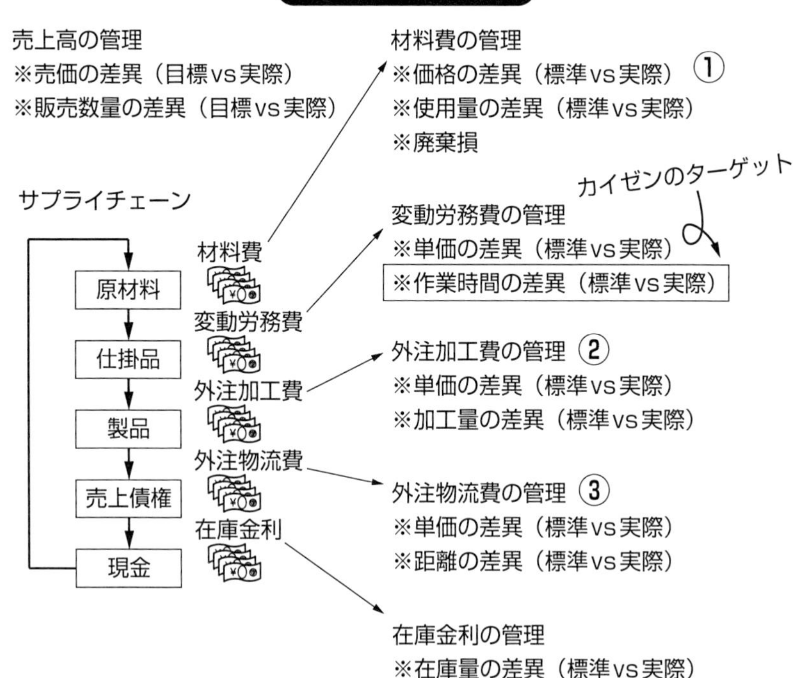

変動費は、標準値を定め目標管理するコスト（材料費の例）

標準単価　：@820円/kg
標準使用量：製品1個当たり3.2kg

⇕

実際単価　：@850円/kg
実際使用量：製品1個当たり3.5kg

価格の差異（標準vs実際）…　購買活動の分析
(850円−820円)×3.5kg＝105円

使用量の差異（標準vs実際）…　生産活動の分析
(3.5kg−3.2kg)×820円＝246円

ポイントBOX
①コストダウンのターゲットはコストの内訳を見て決める
②やみくもなコストダウンは資源と時間の浪費

23 そのトラブルを放置するな！ 現場へ急げ！

変動費は毎日チェック、固定費は毎月チェック

管理会計の日次管理

管理会計においては、毎日の売上高と変動費（コスト）を把握し、それぞれの差異をチェックします。差異は毎日発生しますが、異常な金額の差異や、異常なトレンド（数値の偏り）があれば直ちに原因を調べて対策を講じなければなりません。**その日のうちに調べなければ**原因はわからなくなり、対策も手遅れになるからです。

左図の例では1月4日に通常の運送トラックの手配が間に合わず割高なチャーター便を多用したため外注物流費に不利な差異が出ました。一過性の問題と判断されましたが、今後は連休明けのトラックの確保に注意することにしました。1月10日には材料費に異常に不利な差異が出ました。その日の内に原因を調べると、加工機の調整ミスで材料がムダになっていたと判明しました。直ちに調整を修正した結果、**翌日にはアラームが消えました。**

1月12日には材料費に異常に有利な差異が出ました。材料の引き当てミスや管理会計システムへの誤入力を懸念して調査した結果、ある部品が新規ベンダーから安価に入手できたために発生した差異だったとわかりました。そこで翌週から他の製品についても、この新規ベンダーへの切り替えを進めることになりました。

管理会計の月次処理

管理会計においては、日々の活動の結果を月次集計した上で、固定費の計算も行い、事業活動全般に異常がなかったかを検討します。

左図の例では、1月31日に行った1ヶ月分の外注物流費の集計値に不利な差異が出ています。調査の結果、年初の手配の混乱の影響は最小限に抑えられたものの、毎日少しずつ不利な偏りが出続けたため1月全体では大きな差異になったものでした。そこでチャーター便の利用方法について工夫をすることになりました。固定費側の減価償却費に出ている有利な差異は、稼働率の低下した生産設備の処分を前倒しで実施したことによるものでした。

日次管理の例

売上高
－材料費　　±差異
－変動労務費 ±差異
－外注加工費 ±差異　不利
－外注物流費 ±差異
－在庫金利　±差異
＝付加価値
2017年1月4日

売上高
－材料費　　±差異
－変動労務費 ±差異
－外注加工費 ±差異
－外注物流費 ±差異
－在庫金利　±差異
＝付加価値
2017年1月5日

売上高
－材料費　　±差異
－変動労務費 ±差異
－外注加工費 ±差異
－外注物流費 ±差異
－在庫金利　±差異
＝付加価値
2017年1月6日

売上高　不利
－材料費　　±差異
－変動労務費 ±差異
－外注加工費 ±差異
－外注物流費 ±差異
－在庫金利　±差異
＝付加価値
2017年1月10日

売上高
－材料費　　±差異
－変動労務費 ±差異
－外注加工費 ±差異
－外注物流費 ±差異
－在庫金利　±差異
＝付加価値
2017年1月11日

売上高　有利
－材料費　　±差異
－変動労務費 ±差異
－外注加工費 ±差異
－外注物流費 ±差異
－在庫金利　±差異
＝付加価値
2017年1月12日

2017年1月の月次集計

かせぐ

売上高
－材料費　　±差異
－変動労務費 ±差異
－外注加工費 ±差異　不利
－外注物流費 ±差異
－在庫金利　±差異
＝付加価値

変動費

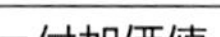

わける

－労務費　有利
－減価償却費 ±差異
－WACC　　±差異
＝残余利益

固定費

✔ 予算は守られていたか？
✔ 生産性は十分だったか？
⇒ 来月は何をすべきか？

ポイントBOX
①変動費の差異は毎日チェックする
②異常があれば原因を調べ直ちに対策する

24 差異がなかったのか？　それとも目標がなかったのか？

人に見せるためのＰ／Ｌの限界、差異がゼロならゼロと書く

差異がなければ成長もない

財務会計の世界にも差異（標準原価と実際原価の差）という概念はあります。しかし実際に差異が明示されている財務会計のＰ／Ｌは極めて稀なのが現実です（**左上図**）。厳しい事業環境の中でチャレンジングな目標を定めて努力し、結果として若干の未達（原価差異）を生じても決して恥ずべきことではありません。「達成できたこと／できなかったこと」の率直な分析と反省を踏まえ、**次の目標に向かって成長**すればよいからです。しかし財務会計に「人に見せる」という使命がある以上、経営管理に失敗したと非難されかねない原価の差異が開示されないのは、止むを得ない成り行きなのかもしれません。

ただしできなかったことを明確にしないと、**事業の成長は止まります。**更に財務会計では製造原価や売上原価に固定費が混じります。月次・四半期次・年次等でなければ固定費の配分が確定しないため、日次ベースでの迅速なＰＤＣＡを回すことができず対策が手遅れになるという限界もあります。

課題を把握して手当てするためのＰ／Ｌ

財務会計に差異の開示を求めることは現実的ではないでしょう。やはり、外部の方々にキレイに見ていただくための財務会計と、内部で課題を把握し手当していくための管理会計は別のものであり、共に大切な車の両輪なのです。

管理会計においては、差異を合計で示すのではなく管理目標別に内訳を表示します（**左下図**）。仮にどれかが**ゼロだったならきちんと「ゼロ」と表示します。**そうしなければ差異がなかったのか、目標管理をしていなかったのか、の見分けがつかないからです。

関係者の中には、財務会計と別に管理会計を持つことを「２重帳簿」と呼んで嫌がる方もいらっしゃいますが、集計の目的が異なる以上、二つの会計の姿が異なるのは自然なことです。昨今は情報処理技術の発達により、一つの基本データから二つの会計を別々に集計することも容易にできるようになりました。

財務会計のP/Lで原価差異を開示している例

売上高		407,856 円
売上原価		
期首たな卸高	5,313 円	
当期製造原価	327,258 円	
原価差異	21,793 円	
合計	354,364 円	
期末たな卸高	−5,415 円	
売上原価	348,949 円	348,949 円
粗利		58,907 円

→差異の開示は珍しい

管理会計であれば原価差異の内訳も把握する

売上高			407,856 円
売上原価			
期首たな卸高		5,313 円	
当期総変動費		327,258 円	
（材料費の差異）	12,005 円		
（変動労務費の差異）	0 円		
（外注加工費の差異）	5,600 円		
（外注物流費の差異）	4,095 円		
（在庫金利の差異）	93 円		
原価差異合計	21,793 円	21,793 円	
合計		354,364 円	
期末たな卸高		−5,415 円	
売上原価		348,949 円	348,949 円
付加価値			58,907 円

ゼロならゼロと書く

→内訳が見えれば更に良い

ポイントBOX

①恥ずべきは、差異があることではなく差異が管理されていないこと
②差異がゼロなら「ゼロ」と書く

25 カイゼンの本質は労務費叩きだった

コストの内訳を把握して活動していますか？

会計的に見れば、カイゼンは労務費のコストダウン

皆さんはカイゼンをご存知でしょうか？　今や英語（ＫＡＩＺＥＮ）にもなり世界的にも有名なカイゼンは日本のモノづくりの現場で行われてきた①作業効率向上や②ムダ取り、③安全確保などに関する改善活動のことです。かつての日本の製造業の強さの秘訣であり、特別な意味を込めて「カイゼン」とも表記されます。実はこのカイゼンを会計の視点で見ると、一般的な**製造原価の三つの構成要素**（材料費、労務費、経費）のうち、主に労務費を削減する活動であったといえます。それはいわゆる「七つのムダ」に照らしても明らかです（**左上図**）。七つのムダのうちの六つ（在庫のムダ以外の全て）が製造労務費に関わるムダであり、材料費に関わるムダは二つしかありません。ところが長年の関係者の努力により多くの現場で労務費の比率が極めて小さくなり（5％など）、材料費が突出するケースが増えました（90％など）。もちろん5％といえども製造労務費（即ち、作業）のムダ取りには今後も取り組まなければなりませんが、経営的な視点に立てば材料費や在庫金利にこそ更に積極的に取り組むべきです。工場の外に目を向ければ物流費のムダ取りもあり、一般管理部門の**ホワイトカラーの生産性向上**も待ったなしです。しかし財務会計だけではこれらの新しいテーマが見えてきません。

原価の内訳と全体を知らねばコストダウンできない

ＪＩＴ（Just in time）**の浸透**で期末の製品在庫がゼロ化されている筈の今日、売上原価は製造原価にほぼ等しいと考えて差し支えありません。そして、この売上原価（≒製造原価）の内訳や差異の状況が財務会計のＰ／Ｌにきちんと明示されないが故に、適切なコストダウン活動が行われていない現場が多いようです。しかし気合だけではコストと戦えません。当然のことですが全てのコストの内訳と差異をしっかり把握し、**優先順位を考え要因別に対策**しなければ真のコストダウンは困難です。そのためにはコストの適切な管理ができるツール（管理会計）が必要不可欠なのです（**左下図**）。

従来のカイゼンは、労務費のコストダウンに偏っていた

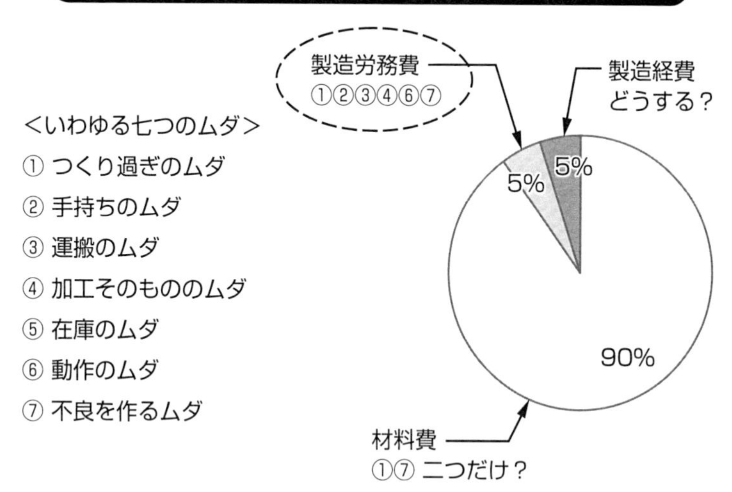

手慣れたカイゼンではなく、やるべきカイゼンをする必要がある

全てのコストの内訳と差異を知らなければコストダウンはできない

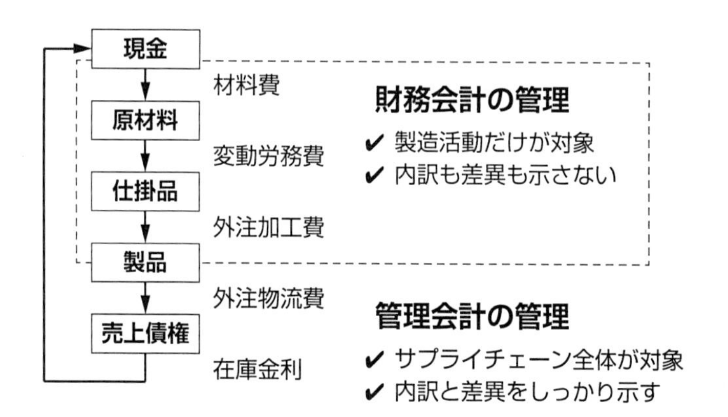

ポイントBOX

①会計的に見れば、カイゼンは製造労務費の削減だった
②正しいコストダウンには、コスト全体が把握できる管理会計が不可欠

26 その一歩はいくらですか？

精神論 VS 経営戦略

なぜ、カイゼンの効果を実感できないのか？

日本のモノづくりの成功体験であるカイゼンへの郷愁には今も根強いものがあります。しかしカイゼンで成果が出ている筈なのに**効果が見えてこない**という現場は少なくありません。その原因を明らかにするためにはコストの全体を把握する必要があります。

仮に25％のカイゼンに成功したとしても、そのまま25％のコストダウンになる訳ではありません（**左上図**）。今日では製造原価に占める労務費の比率が著しく下がっている（例えば5％）ことや、頻繁な段取り替え等による実質的な組立時間の比率低下（例えば80％）があるからです。更には生産外の活動（例えばカイゼン活動！）に時間が取られ直接生産に寄与できる時間の割合が下がっているケースもあります（例えば70％）。これら要因を考慮すると、25％のカイゼンは0・7％のコストダウンに過ぎなかったとわかります。

報告書の90％が労務費、材料費の分析は3行だけ？

0・7％のコストダウンに会社の総力を注いで良いか否かは、ビジネスモデルに照らした慎重な優先順位の判断が必要です。ある現場では工場の月次報告書（全10ページ）の内の9ページがカイゼン活動（即ち労務費のコストダウン）に充てられており、材料費の分析はたったの3行のみでした（**左下図**）。サプライチェーン全体という視点を欠いたカイゼンは**過去の手慣れた仕事のやり方**に埋没してしまいがちです。

カイゼンに取り組むのは正社員か？非正規社員か？

かつてのカイゼンは固定給の社員による自主的活動でした。仮にモノづくりの現場で非正規社員化（コスト化）を進めるなら、自主的な取り組みであるカイゼンには期待できなくなります。逆に今後もカイゼンに依拠したビジネスモデルを維持するなら、現場の人員を正社員（資源）に戻した上で厳正に生産性を問わなければなりません。

カイゼンの効果の計算、25％の歩数削減だったのに…

	カイゼン前	カイゼン後
歩行動線長	88m	66m
サイクルタイム	28分	21分

25%の生産性向上

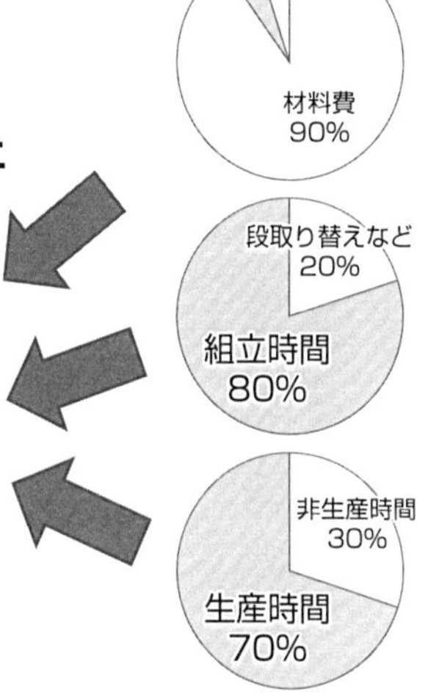

カイゼン効果の計算

25% ×5%×80%×70%

＝0.7%

非生産時間
30%
生産時間
70%

労務費の分析は９ページ、材料費の分析は３行でよいのか？

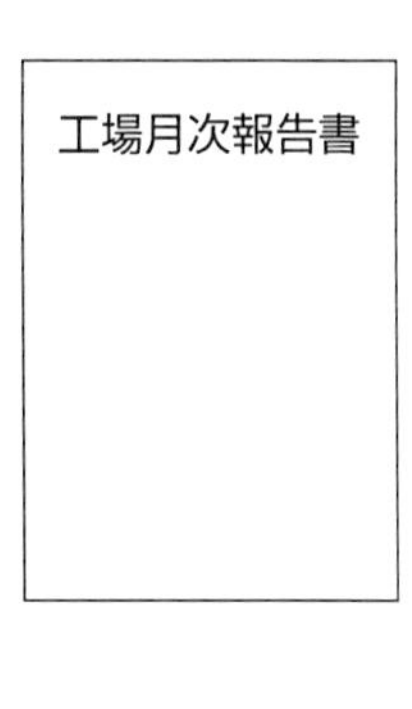

ポイントBOX

①労務費の比率が下がったためにカイゼンの効果は出にくくなった
②人員をコスト化するなら、カイゼンには依拠できなくなる

「ゼロ在庫」の惨状、誰も理由が言えなかった

在庫削減は5Sか？
経営戦略か？

誰も理由が言えない不思議な活動

厳しさを増す事業環境の中、懸命に在庫削減に取り組む現場は少なくありません。でも、なぜ在庫を減らさなければならないのでしょう？　今更ながらそんな質問をぶつければ「決まっているでしょ、在庫は罪子！」と怪訝な顔をされます。それにしても、なぜ在庫は罪子なのか？　それは経営戦略であって、5S（整理整頓）ではない筈です。

左上図のグラフは、ある会社の実際の在庫金額を示すデータです。この会社では在庫管理を徹底するため、年4回の実地棚卸が行われていましたが、棚卸に対応する時期にだけ在庫が減っています。現地で様子を見ていると、**棚卸の1週間前から**生産ラインが停止され、倉庫に残った製品の投げ売りが始まりました。それには四半期次の売り上げ目標を達成するという意味もあったかもしれません。棚卸が終わると今度は急速に生産ラインを立ち上げるのですが、生産が完全に安定し倉庫の在庫水準が回復するまで約1週間を要していました。その間、製品の弾不足により少なからず機会損失を出していたようです。**棚卸を巡る混乱はトータル2週間**、年4回で合計8週間にも及びます。つまり1年52週間の内の15％もの間、生産・販売が制約され全力で本業に集中できなかったことになります。しかもこの現場では、更なる在庫管理の徹底のため、毎月の実地棚卸を計画中でした。毎回同じ混乱が起こるなら、2週間×12回＝24週で、1年52週間の内の46％も事業活動に集中できないことになります。

期末日の在庫だけ減らすという喜劇と悲劇

1年に15％（もしかしたら46％）も**本業に集中しないという余裕（？）**もさることながら、更に気になるのは棚卸月と非棚卸月を比べた時の在庫水準のギャップです。そこには、事業本来の目的を見失ったゼロ在庫活動と、現場で真に必要とされている在庫水準のギャップを垣間見ることができます。いったいどうしたら、適切な在庫水準を会計的に決定できるのでしょうか？

ある現場で見た在庫金額の推移

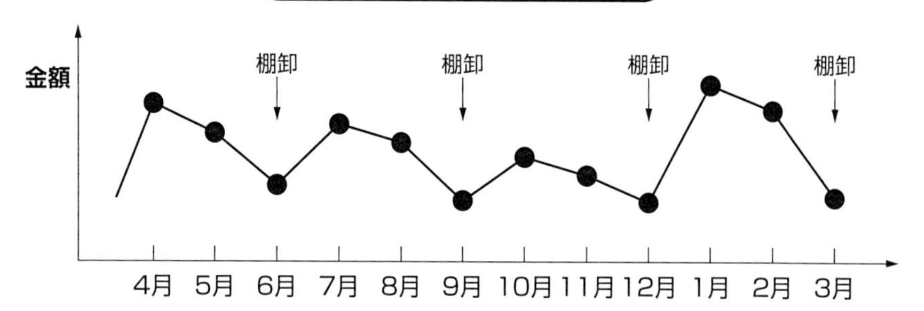

これがあるべき姿なのか？

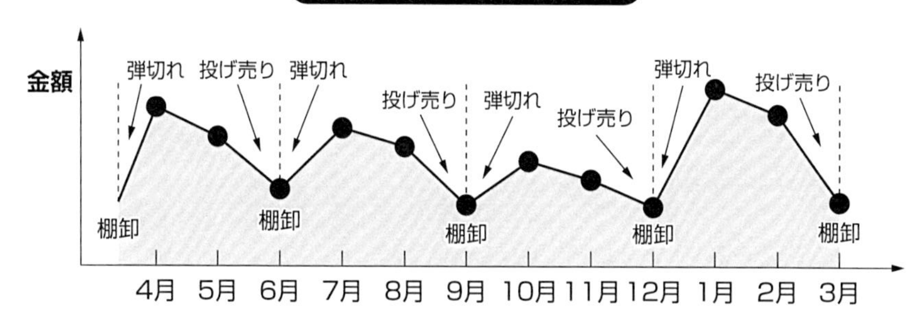

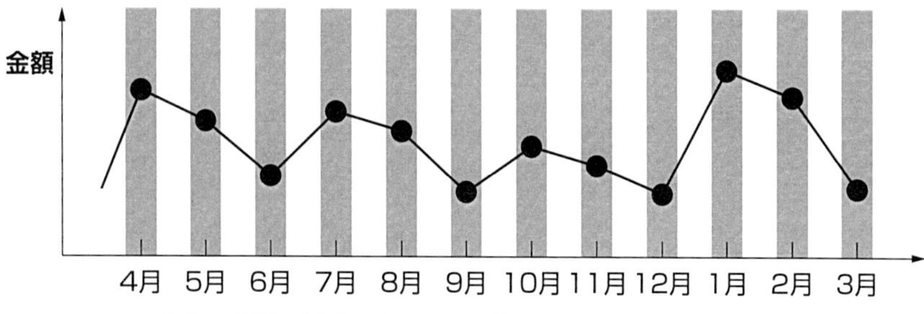

毎回2週間の混乱、毎月やれば年24週（46%）の混乱

ポイントBOX

①本来の在庫削減は５Ｓではなく経営戦略
②多くの現場で、あるべき在庫水準が会計的に検討されていない

28

実体のない活動が私達を負け犬にした！

大事なことなら毎日やろう！　管理会計は毎日棚卸をする

本当に大事なことなら毎日やろう！

財務会計には、売上高÷在庫高で計算される「在庫回転数」という会計指標があります。仮に売上高が180億円、期末日在庫が30億円なら在庫回転数は180億円÷30億円で6回転です。これは在庫が年に6回入れ替わることを意味します。一般に回転数は大きいほど良いとされますが、**期末のたった1日だけ**在庫を圧縮すれば見かけの回転数を操作できてしまうという弊害がありました。財務会計が期末日1日の在庫高で在庫回転数を計算するのは（**左上図**）、100年前には紙と鉛筆で年1回の実地棚卸をする以外に在庫高を確認する手段がなかったからです。しかし今日では、在庫管理システムを使い電子的な棚卸を毎日行うことができます。

平均在庫なら「面積」を管理できる

適切な金利管理のためには「面積」の視点が重要です（**左下図**）。そこで管理会計では通年の平均在庫を用いて「面積」の視点を取り入れた在庫回転数を管理します。

平成のお菊さん

ある現場は、ゼロ在庫を目指して受注数ピッタリしか部品が発注できないシステムが構築されていました。

ある日、100台の生産のため100個の小さな汎用部品を発注したところ、1個が不良品だと判明しました。代品が届くまでの1週間、製品99台が滞留し**納期も遅延してしまった**のです。後日の会議で2～3個の部品在庫を持つことが提案されましたが、ベンダーに100％完全な部品を納品するよう指導すべきと結論されました。現実にはベンダー（売上で10倍規模の中国メーカーで、更に急成長しつつあった）は完全検査の代償に10％の値上げを要求し、大きな負担になったのです。

それにしてもなぜ、中国の部品メーカーが急成長し、私達は負け犬になってしまったのか？

それは私達が本業を忘れ、実体の伴わない活動に埋没していたからです。そしてこれは自分で自分を欺く道、いつか必ず更に重大な粉飾決算へと至る道でもあるのです。

財務会計の棚卸 vs 管理会計の棚卸

	財務会計の棚卸	管理会計の棚卸
目標	記録の正確性の確認	力強いサプライチェーンの構築
頻度	期末に１回（実地棚卸）	毎日（電子棚卸）
対象	原材料、仕掛品、製品 ※期末日在庫だけを見る	原材料、仕掛品、製品、売上債権 ※平均在庫を見る
指標	在庫回転数 ＝売上高÷（原材料＋仕掛品＋製品）	三つの在庫回転数 財子回転数＝売上高÷（原材料） 罪子回転数＝売上高÷（仕掛品＋製品） 売上債権回転数＝売上高÷（売上債権）

平均在庫なら、１年間の面積を反映できる

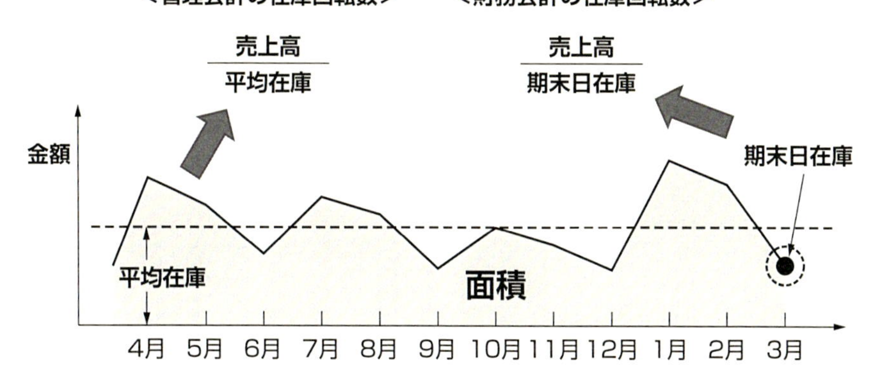

ポイントBOX
①管理会計は毎日、電子棚卸をやる
②管理会計は通年での平均在庫を管理する

29 これなら見える、在庫の金利！

日次の在庫管理、年次の在庫管理

日次の在庫管理の実際

「在庫はお金が寝ていることだ」といわれます。それならば担当者に在庫金利を周知し、**毎日の金利負担をきちんと評価**しなければなりません。

左上図の事例では、ある日の売上高（1・1億円と仮定）に営業日数（年250日）を乗じて仮想的な年間売上高を求めた上で、目標の在庫回転数（6回転）で割り、この日における在庫の管理目標（45・8億円）を算出しています。次にこの45・8億円と電子棚卸による実際の在庫高（32億円）を比較し、利率4％を乗じて在庫金利の差異（22・08万円の有利差異）を求めています。これがこの日の在庫管理の良否によって生じた1日分の差異です。

こうして求めた日次の在庫金利の差異を全ての営業日数に渡り累計すれば、年間の在庫金利の差異も評価できます。差異は日々大きく変動しますが売上の傾向を見極め、在庫が不足するなら目標の回転数を減らし、多すぎれば増やします。

年次の在庫管理の考え方

年間でみる在庫金利の差異は**左下図**の通りです。まず実際の年間売上高（180億円）を、目標の在庫回転数（6回転）で割り、年間の在庫の管理目標（30億円）を算出します。これと毎日の電子棚卸の結果から求めた1年間の平均在庫（例えば45億円）と比較して差を求め（15億円）、利率4％を乗じれば在庫管理の失敗による差異（0・6億円）が求まります。なおB／Sに記載される在庫額は期末日1日の在庫額（40億円）ですので、年間の平均在庫（45億円）とは一致しないことにご注意ください。

また、在庫管理活動とは少し離れますが、平均在庫高（45億円）に対する計算上の在庫金利（1・8億円）と、実際の在庫借入金（平均52億円）に対する在庫金利（例えば2・6億円）も一致していません。これは**財務管理側に起因する差異**が生じているためです（例えば実際に借り入れた金額の差異や借り入れた時の利率の差異など）。こちらの差異管理と対策については経理部門の方にお任せしましょう。

在庫管理の計算（日次）

営業日数	250日
目標とする在庫回転数	6回転
目標とする在庫金利	4%

今日の売上高　1.1億円

在庫の管理目標　1.1億円×250日÷6回転＝45.8億円

今日の在庫高　32億円

在庫管理の差異　（32億円−45.8億円）×4%÷250日
＝22.08万円（有利差異）

在庫管理の計算（年次）

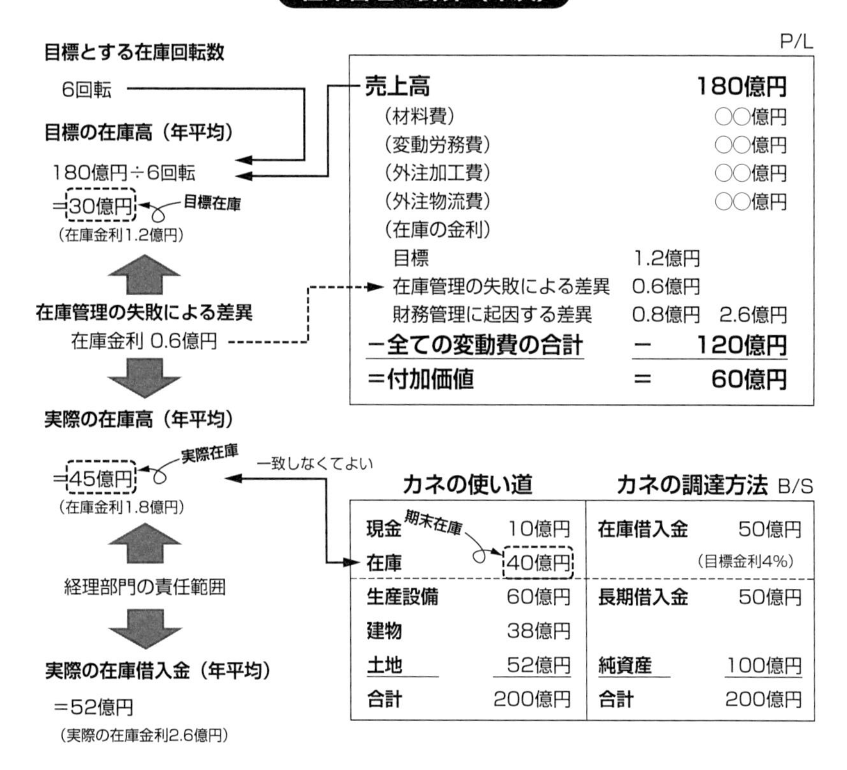

ポイントBOX
①目標とする在庫回転数から、あるべき在庫高が計算できる
②在庫金利の管理は、経理部門と協力して行う

30 なぜ、まじめな班長が叱られるのか？

見えない在庫を忘れていないか？

駆け寄ってきて謝る班長

ある日、スーツ姿で工場を見学していると、突然誰かが駆け寄ってきて猛烈に何かを謝りはじめました。一体どうしたのかと問えば、ライン上に仕掛品が溜まっていることを謝っているとのこと。

よくよく聞いてみると、彼はそのラインの班長さんで、こんな話をしてくれました。

…この工場には前工程の能力が後工程の2分の1程度しかなく、前工程だけが昼夜運転を余儀なくされています。必然的に朝になると前工程の出口には仕掛品の山ができるのですが、夕方には必ず解消され**決して死蔵品になるものではありません。**残念ながら、当工場の製品の売上は毎年減少しており、前工程の能力を2倍にするだけの設備投資をする余裕がないのです。仕掛品の山はお金の塊ですから、ここに仕掛品の山を作ってはいけないことはわかっているのですが、本当に申し訳ございません。この製品が売れ続けている限りは、1個の仕損も出さないよう精一杯に頑張りたいと思っています。本当に、本当に、申し訳ございません…

管理の目標は、死蔵品を出さずに最短納期で届けること

そんな班長さんの話を聞いて「そうだったのですか、毎日ご苦労様です。これからも頑張って下さい！」と励ますと、「え、今日は怒らないのですか？」と驚くので、こちらの方が驚いてしまいました。まじめな班長さんは毎日何を怒られていたのでしょうか？　後日、会社のB／Sを調べると売上債権が仕掛品の20倍もありました（左上図）。在庫を削減する目的は一体何でしょう？

本当に真剣に在庫削減する意思があるのなら、まじめな班長さんを叱るのではなく、売上債権（目に見えない在庫）にまでしっかり気を配る必要があったように思います。在庫金利も計算し、在庫削減活動でどんな効果を見込むのか／見込めないのかをしっかり把握しておくべきです。

全てが金利を負担している

B/S

カネの使い道

資産の部（現金と在庫）

⑤現金	76,093円
④売上債権	143,133円
③製品	14,856円
②仕掛品	7,513円
①原材料	10,889円
その他	18,011円

サプライチェーン

現金

売上債権

製品

仕掛品

原材料

金利

金利

金利

見える在庫、見えない在庫

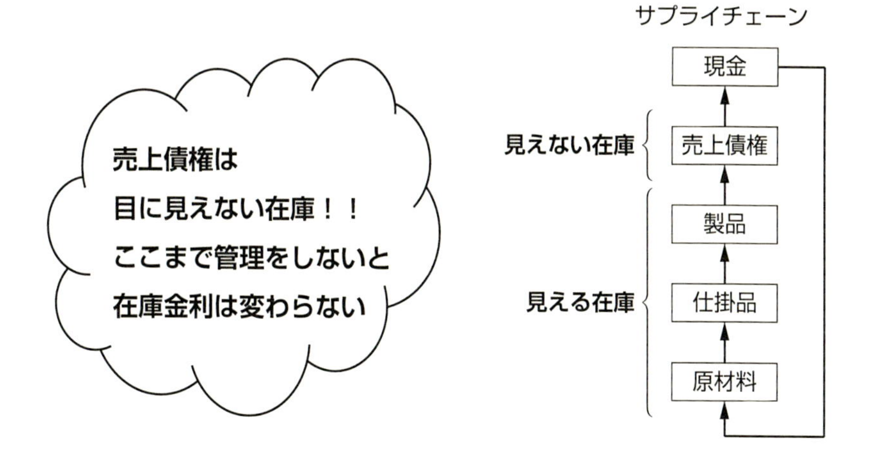

ポイントBOX
①売上債権は見えない在庫
②原材料、製品と仕掛品、売上債権は区分して管理する

31 減らすべきものは減らず、減らすべきでないものが減る

罪子と財子を分けるべき理由

罪子か？　財子か？　言葉遊びはそろそろ卒業

このテキストで説明を申し上げている在庫管理は5S（整理・整頓）ではなく経営戦略です。やみくもに在庫を減らそうとすれば、真に減らすべき死蔵品は減らず、減らしやすい材料在庫や売れ筋製品の在庫ばかりが減ってしまうケースも少なくありません。ゼロ在庫というデフレ思考を脱却し、**戦略的に在庫を持つ**必要があります。その際、製品在庫と材料在庫の根本的な違いを理解しておかなければなりません。

在庫は「質」が問われるべきものであり、在庫管理の究極の目標は死蔵品を出さずに超短納期を実現して製品やサービスの価値を高めることです。その際、①製品間での共通化が可能で死蔵品にはなり難い一方で、②まとめ買いのメリットがあり、③納期の超短縮を推進する際のボトルネックにもなる材料在庫（財子）と、死蔵品になりやすい製品在庫（罪子）とでは管理目標を明確に分けておく必要があります。

〈財務会計の管理目標〉

在庫回転率
＝売上高÷期末日の全在庫
→管理目標が分離されていない
→見せかけの在庫削減が起こる

〈管理会計の管理目標〉

①財子回転率　＝売上高÷材料の平均在庫→適切に持つ
②罪子回転率　＝売上高÷（仕掛品＋製品）の平均在庫
→減らすべき
③売上債権回転率＝売上高÷売上債権の平均在庫
→適切に回収

全ての在庫が常に罪子であるとは限りません。会計的・客観的に検討して最適な在庫水準を決めるべきであり、結果として最適在庫がゼロだと結論されたなら、毎日（**やるなら毎日です！**）きちんとゼロ在庫にすればよいのです。

在庫管理の目標は、死蔵品を出さずに最短納期で届けること

材料在庫（財子）…戦略的に持つ

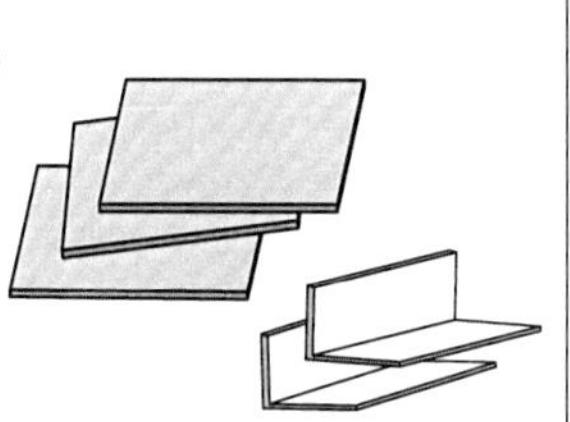

為替変動や値引きを考慮
目標は超短納期の実現
共通化を前提に適正な在庫を確保する
（※材料在庫には、後述する固定費配賦の問題がない）

仕掛在庫（差異子）…自然に減らす

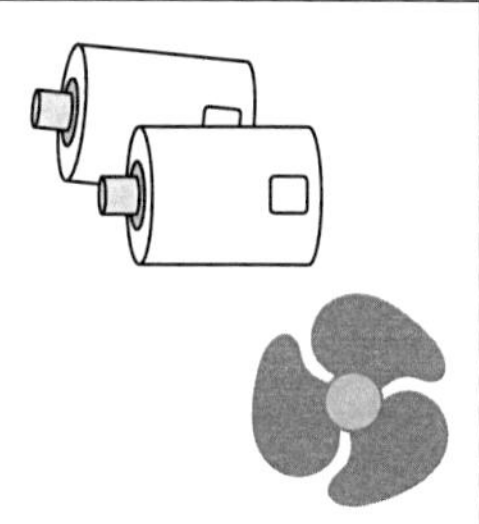

工程能力の差異で発生する
超短納期を目指せば自然に減るもの
強固なサプライチェーンを構築する

製品在庫（罪子）…持たない

死蔵品になりやすい
ジャストインタイムの徹底で、持たないのが原則
製品で持たずに材料で持ち、短納期化を支える
（※製品在庫には、後述する固定費配賦の問題がある）

売上債権（見えない在庫）…適切に回収

在庫金利節減のためには重要な管理ターゲット
年齢管理や与信管理で不良債権化を防止

ポイントBOX
①製品在庫（罪子）と売上債権（見えない在庫）は減らす
②材料在庫（財子）は戦略的にしっかり持つ

32 目標は死蔵在庫を出さずに最短納期で届けること

在庫戦略を決める五つの要素

検討すべき五つの要素

在庫管理の究極の目標とは、死蔵品（最終的には廃棄損になる）を出さず、お客様に最短納期で届けることができるサプライチェーンを如何に構築するかということにあります。そのために検討すべき五つの要素は次の通りです。

1. **在庫金利・在庫保管費**：ここまで「お金が寝ている」に注目して在庫金利の検討をしてきましたが、在庫の保管費の検討が必要になる場合もあります。例えば、在庫の保管場所が自社の倉庫なら固定費としての管理（資源の生産性の管理）、借り増しと返却が容易な外部倉庫なら変動費としての管理（日次の標準値管理）を行います。

2. **発注費**：これは原材料の購入に際し社内で発生する費用です。固定給の正社員が担当していれば固定費、変動給のアルバイト社員等が担当していれば変動費としての管理を行います。

3. **値引き・運送費**：これは材料の購入に際しベンダー側で発生する費用に関わるものです。変動費の増減として管理します。

4. **廃棄損**：陳腐化によって「腐る在庫」と「腐らない在庫」があり、ビジネスモデルや取り扱う製品の種類によって変わってきます。変動費としての管理が想定されます。

5. **機会損失**：過小在庫で発生する販売機会の喪失です。発生の様態はビジネスモデルで変わります。利益計画の中で売上の減少として管理します。機会損失の見積もりには特殊な知識が必要ですが、それはまさに**ビジネスモデルの根幹**をなすものです。見積もれない状況であれば、ビジネス継続の是非を検討すべきです。

製造業の在庫管理、七つの処方箋

- ✔ 製品在庫（罪子）と材料在庫（財子）の管理目標を分けよう！
- ✔ 期末の投げ売り、期初の弾切れ、大丈夫ですか？
- ✔「お金の塊」なら、在庫金利を管理しよう！
- ✔ 見えない在庫（売上債権）にも注意しよう！
- ✔ 期末日在庫ではなく、平均在庫を減らそう！
- ✔ 期末日まで放置せず、毎日、電子棚卸をしよう！
- ✔ 為替対策や材料値引きの効果を、公正に評価しよう！

値引きを受けられるなら、材料のまとめ買いも検討すべき

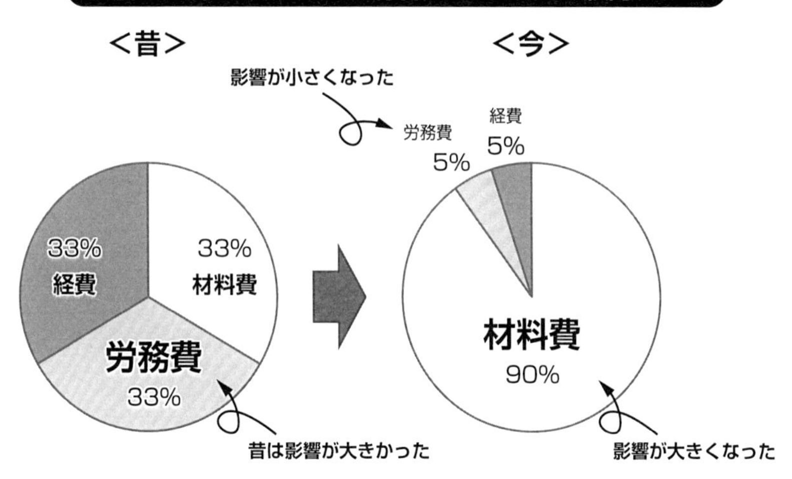

ポイントBOX	①在庫をお金の塊と考えるなら、在庫金利を管理すべき ②最適在庫を決めるために必要な五つの要素がある

33 会社の活動がバラバラだった

コストダウンで大きな成果を上げたのに経営が楽にならない理由

会社の活動がバラバラ

現在の財務会計のＰ／Ｌは製造活動だけを重点管理するためにデザインされたものでした。そのためサプライチェーン全体を見渡した管理には適しません。様々な事象の因果関係がわかりにくく、全社で戦略的／一体的に行動することが難しいのです。

個別の活動では成果を上げたのに…

例えば、ある会社のＰ／Ｌは左上図の通りでした。売上高１００円、売上原価90円なので10円の粗利ですが、販売費および一般管理費10円と営業外費用５円を差し引くと最終的に経常利益は▲５円の赤字です。その上来期は、**毎年突きつけられる値引き要求**で更に５％の売価ダウンが必至と見込まれます。事業を黒字化するため、関係者はできる限りのコストダウンと在庫削減に全力で取り組むことになりました。

①購買部の取り組み

購買部では原料業者に値引を要請しましたが、生産量の減少で購入量が減っていたため苦戦しました。過剰品質を見直し業者も変更してどうやら材料費５％削減です！

②生産技術部の取り組み

生産技術部は徹底的なカイゼン活動により25％もの生産性向上を達成しました！

③物流部の取り組み

物流部も負けじと頑張り、まとめ配送で10％のコストダウンに成功です。在庫管理面でも大きな効果があり20％もの在庫圧縮に成功しました！

ところが…大きな期待を込めて取り組んだコストダウンでしたが、期末に結果を集計してみると経常利益は▲３円の赤字となりました（左下図）。関係者はまだまだ努力が足りないと叱られてしまったのですが、**一体どうすればよかったのでしょうか？**

財務会計では、これから何をすべきかわからない

売上高	100円	…来年はどうなる？
－売上原価	90円	…内訳は？
＝粗利	10円	
－販売費および一般管理	10円	…内訳は？
＝営業利益	0円	
－営業外費用	5円	…在庫は多い？少ない？
＝経常利益	▲ 5円	← 赤字！

財務会計では、なぜ負け犬になったのかわからない

売上高	95円	…また値引きを要求された
－売上原価	85円	…品質妥協で5%削減！ 生産性を25%もアップ！
＝粗利	10円	
－販売費および一般管理	9円	…物流費を10%も節減！
＝営業利益	1円	
－営業外費用	4円	…在庫を20%も削減！
＝経常利益	▲ 3円	← 頑張ったのに再び赤字 いったい何故だろう？

ポイントBOX
①財務会計では、サプライチェーン全体を見渡した活動が困難
②各部門の努力がバラバラでは、全体としての効果が出せない

34 そのサプライチェーン・マネージメント、本当に本気なら！

やるべきことの優先順位が見えた

ライバルは何処で勝負していたのか？

新しい管理会計によってサプライチェーンのコストを一体管理し、その内訳を明確にすると、**今までとは違った事象**が見えてきます。生産技術部は25％も生産性をカイゼンしたのですが、元々の変動労務費の金額が小さかったため効果は1円に過ぎませんでした。在庫も20％削減されましたが、金利で計算すれば効果はたったの1円です。その一方で、毎年のことだと諦めていた売価の値引きには重大な理由があったことがわかってきました。

新しい管理会計導入を機に、会社は販売部門も交えて**サプライチェーン全体の戦略分析**を初めて実施しました**（左上図）**。その結果、ここ数年コストダウンのために品質面での妥協を続けてきたことと物流費を節減したことがお客様からの値引き要求の誘因になっていたと判明したのです。物流費の節減に際しては納期への影響はなかった筈でしたが、ライバル会社は一歩進んで納期の超短縮を実現していました。しかし従来の財務会計のＰ／Ｌでは新しい勝負所が見えていなかったのです

やるべきことの優先順位が見えた！

一体管理で因果関係が見えるようになると、これからやるべきことの優先順位も見えてきます**（左下図）**。

調査の結果、ライバル会社の超短納期を上回る翌日納品が実現できれば、製品の売価は4年前の１２５円に回復できると判明しました。この翌日納品を実現するためには物流費を2倍、在庫も2倍にしなければなりませんが（！）、一体管理の視点で見れば売価回復の効果が上回るので挑戦する価値がありそうです。しかも材料在庫（財子）の容認で材料のまとめ買いが可能になったことで高品質の業者から無理ない値引きを引出し、価格相場や為替変動を見ながらタイムリーに購買活動をする余地もできました。他方で、変動労務費の削減は効果が小さいことを考慮して優先順位を下げ、生産技術部の貴重な人材を**強固な物流システムの構築**に回したのです。

今年マイナスだった付加価値は、来年は10円まで回復するでしょう！

一体管理でトレードオフが見えた

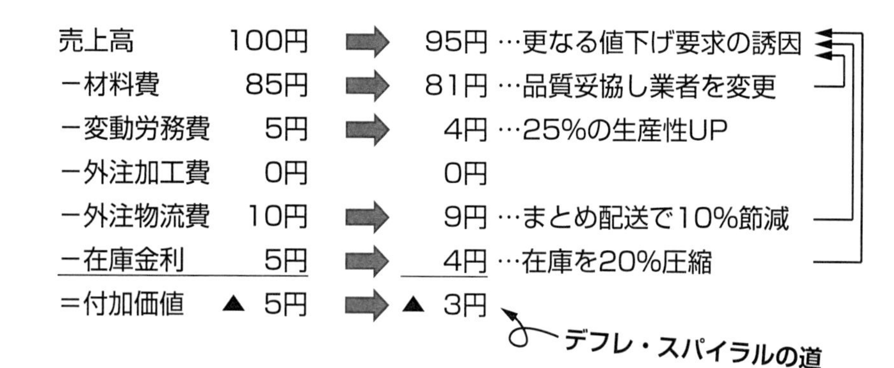

実はコストダウンが顧客からの値下げ要求の誘因になっていた

売価の回復に向け総力を結集

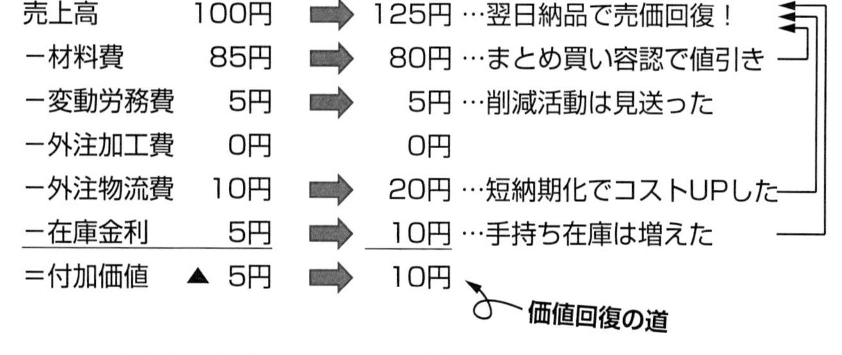

積極的なサプライチェーン強化で、売価を回復できた

①全てのコストを一体管理すれば、課題と課題のトレードオフが見える
②全てのコストを一体管理すれば、やるべきことの優先順位が見える

column

IoT時代の原価管理

管理会計は自由で主体的な会計です。会社のビジネスモデルに照らし、「何をどう管理したいか？」でコストの概念は大きく変わります。ですから第Ⅱ部で示した五つのコスト（材料費、変動労務費、外注加工費、外注物流費、在庫金利）は一つの例示に過ぎないことに改めてご注意ください。

今日、標準化や自動化の浸透で工場内におけるコストダウンは限界に近づいていますが、案外と工場外のフィールドは手つかずになっているケースが少なくありません。班長さんを厳しく叱りつけ工場内の仕掛在庫の削減を推進する一方で、工場の出荷ヤードには製品が山と積まれていたという事例がありました。サプライチェーン・マネージメント（SCM）という言葉が喧伝されながら、実際の事業組織や会計が工場内外で一体化されSCMに対応できる姿になっている現場がどれくらいあるでしょうか？

製造業という名称ではありながら、もはや工場内の管理にのみ特化した「井の中の蛙」では価値を生み出せない時代です。とりわけ、これからIoTの時代に突入すれば、従来のように変動費に製造業の自己都合である固定費を乗せて売り逃げ（！）といったビジネスモデルは成り立たなくなるでしょう。既に「0円携帯」が出現しています。値決めに際しては、第Ⅳ部で紹介する内部収益率や正味現在価値の考え方も駆使し、お客様の立場に立って製品やサービスの価値を慎重に見積もらなければなりません。工場内で生産を開始する「前」に行う原価企画や、サプライチェーン全体のコスト戦略を推進できる新しいエキスパートも早急に養成しなければなりません。

100年前は製造労務費の管理に成功した者が勝者でした。IoT時代の扉が開こうとしている今、いち早く新たなコストを見抜き、その管理に適した管理会計をデザインできた者こそが、次の勝者・新しい価値の創造者になるでしょう！

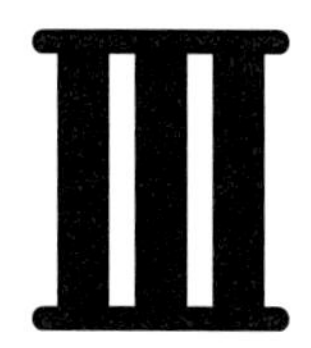

固定費の管理…生産性の最大化（わける

管理会計が財務会計と最も大きく異なるのは固定費の取り扱いです。即ち、固定費は経営資源を維持するために行われる価値の分配だと考え、変動費（コスト）とは切り離して管理します。コストではありませんからコストダウンの対象でもありませんが、生産性はしっかり問われなければなりません。生産性を問われることで、初めて真の成長が促されます。生産性を問うためには、①固定費の全体と、②それが生み出した価値の両方を明らかにしなければなりません。両者の比を付加価値生産性と呼びます。

35 あなたが目指すのは体重ゼロですか？

固定費の管理はダイエットに似ている

固定費はコストではない

「固定費はコストではない。だからコストダウンの対象でもない。」と説明を申し上げると、甘いと叱られることがあります。しかしこの20年間、固定的な労務費を削減しようとしてリストラを進めた結果、優秀な人材が国内外のライバル企業に流出して深刻な事態を招きました。辛うじて社内に留まった人員も目標を見失い、成長が止まっています。もう一度、会社が担うミッションと、そのミッションを実現するための**最も重要な経営資源であるヒト**の扱いについて考えてみなければなりません。

固定費が目指すのは生産性

昨今、ロボットやコンピュータの進化により、社内の単純労働が急速に消滅しつつあります。だからといって**ヒトが一人もいない会社**というものは存在し得ないでしょう（ヒトが一人もいない工場なら、今後はあり得るかもしれません）。ヒトが会社に存在する意義は、何かを生み出すことです。新しい製品、新しいサービス、新しい技術、新しい業務の在り方、新しい人間関係…　そこで問われるのは不毛な長時間労働ではなく、**新しい価値を生み出す創造力**、即ち高い付加価値生産性です。

従来の原価計算では、固定費を各製品に配賦し変動費との合算で原価を求めました。その結果、固定費は変動費と同一視されコストダウンの対象にされがちでした。しかし例えば固定費ゼロでは会社が存在しないことになってしまいます。固定費が目指すのはコストダウンではなく高い生産性の実現なのです。それは、適正な体重（ゼロではない！）の実現で引き締まった体形を目指すダイエットにも似ています。

固定費の生産性を管理するには①固定費の全体と、②その固定費が生み出した付加価値の両方を明らかにしなければなりません。付加価値÷固定費を付加価値生産性と呼びます。

固定費を配賦でバラバラにすると固定費の全体が見えず、生産性の管理ができなくなります。まずは配賦の弊害を数値例で確認しておきましょう。

固定費は、会社内部にあってチェーンを回す主体

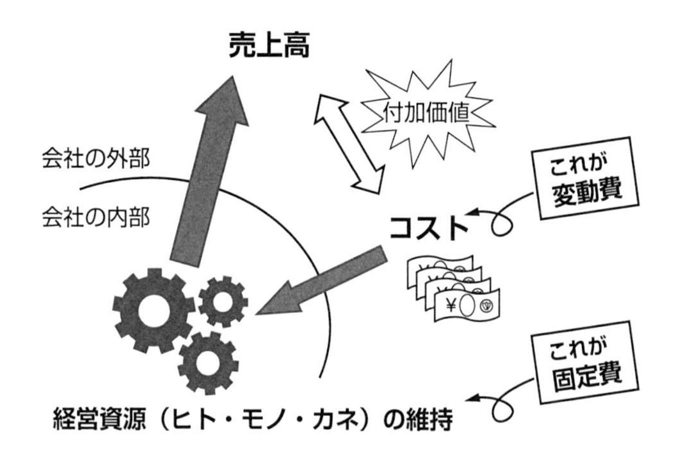

財務会計における固定費管理

（配賦計算）

製品原価	
材料費	@200円
固定費配賦	@180円
合計	@380円

固定費360万円÷製品2万個
＝@180円

管理会計における固定費管理

（付加価値生産性）

ポイントBOX
①固定費は経営資源、最も重要な経営資源はヒト
②資源が目指すべきものは高い生産性

36 どちらが大飯喰らいか？ 配賦を巡る不毛な騒動

固定費の原則は、配賦しないこと

固定費の配賦が事業をダメにする

固定費は「資源」であり、「コスト」である変動費とは明確に区分して管理されるべきものです。しかし財務会計における長年の慣習から、固定費をコストとみなして各製品に按分しなければ管理ができない（この按分を配賦と呼びます）という意見も根強く聞かれます。そこで、ここでは固定費の配賦がどのような問題を引き起こしてしまうかについて、一つの数値例で追いかけてみたいと思います（**左図**）。

不毛な議論…

ある会社は本社と工場が同一敷地にあって社員食堂を共有しています。食材費は実費徴収ですが、料理人の労務費や建物の減価償却費（合計で月１０００万円）については本社の事務部門と工場の製造部門が折半で（５００万円ずつ）負担してきました。しかし近年の事業環境の悪化で**採算管理が厳しくなった**ことから、事務部門から苦情が出ました。「会計のテキストを調べると、固定費の按分は面積でやる事例が多い。製造部門は事務部門の９倍もあるのだから９００万円を負担すべきだ。」ところが今度は製造部門が申し立てました。「人数で配賦する事例だってある。製造部門の負担は６００万円だけだ…。否、食事の単価を考慮すれば４４４万円になる。製造部門は事務部門ほど良いものを食べてない。」事務部門も負けていません。「うちは昼食だけしか食べないが、製造部門は昼・夕２回も食事をしている。」「製造部門は食事時しか食堂を使わない。でも事務部門は日中ずっと打ち合わせに使っている。」「そんなに細かいことを言うなら製造部門は大飯喰いが多い。３杯も食ってる奴がいた…。」結局、占有面積および人数の按分の平均値で決着し、事務部門２５０万円、製造部門７５０万円の負担となりました。それにしてもこの騒動は科学的事実に基づく議論だったといえるでしょうか？　**それとも駆引だったのか？**　こうして製造部門に配分された固定費（７５０万円）は次の原価計算で個別の製品に配賦されていくことになります。

社員食堂の維持費（毎月1000万円）をどう按分すべきか？

配分する基準の案		事務部門	製造部門	販売費および一般管理費	売上原価
案1.	占有面積	100m²	900m²	100万円	900万円
案2.	人数	40人	60人	400万円	600万円
案3.	食事の単価	750円	400円	556万円	444万円
案4.	食事の時間	18分	12分	500万円	500万円
案5.	食事の回数	1日1回	1日2回	250万円	750万円
案6.	食堂を使う時間帯	8時間	2時間	800万円	200万円
案7.	男女構成	男18人 女22人	男39人 女11人	297万円	703万円
	食べる御飯の量	男1.2杯 女0.8杯	男2.1杯 女1.0杯		
案1+2	占有面積と人数			250万円	750万円
…	…	…	…	…	…

＜計算例＞…食事の単価で按分する場合

$$\frac{40人\times750円}{40人\times750円+60人\times400円} : \frac{60人\times400円}{40人\times750円+60人\times400円}$$

556万円　　444万円

ポイントBOX

①固定費の按分には科学的な意味での正解はない
②固定費の按分は駆引きとしての性格が強い

事実と駆引を混ぜるな！

個別の製品への固定費配賦は砂上の楼閣

精密な原価計算

厳しい経営環境の下、事業部は精密な原価計算によって**不採算製品を厳しく切り捨て**ていくことになりました。先の協議により製造部門に750万円按分されることになった社内食堂の維持費は、今度は製造部門で生産される二つの製品（製品A・製品B）に配賦されていきます。配賦の基準は組立作業に要する標準時間です（**左上図**）。製品Aの標準時間は1台0・8時間×4500台で3600時間、製品Bの標準時間は1台0・6時間×8800台で5280時間、総作業時間は合計で8880時間ですから、750万円の固定費は製品Aに304・05万円、製品Bに445・95万円配賦されました。この金額を各製品の生産台数で割れば、製品1台当たりの配賦額は、製品Aが675・7円、製品Bが506・8円と求まります。

実は砂上の楼閣？

変動費と固定費がきちんと分離されていない財務会計においては、製造部門に按分された様々な固定費（例えば先程の食堂の維持費）が、原価計算によって各製品に配賦され売上原価の構成要素となっていきます。**その計算過程は一見精密に見えます**。しかし、仮にその出発点となる製造部門と事務部門の間での按分が駆け引きと妥協の産物だったとしたら、その土台の上にどれだけ精密な原価計算を積み上げても正確な数値は得られないでしょう。今回のような配賦の仕方を2次配賦といいます。

1次配賦：製造部門に750万円、
　　　　事務部門に250万円
2次配賦：製品Aに304・05万円、
　　　　製品Bに445・95万円

正確な原価計算を目指して、更に3次、4次、5次配賦を行う事例があります。決算になれば調整には長い時間もかかります。しかし配賦を重ねれば重ねるほど計算は複雑になり、事実と駆引が混じり合って**真実は見えなくなります**。これでは製品の真の収益力は測れないのです（**左下図**）。

決着した750万円を、製品A／Bにどう配賦するか？

	製品A	製品B
生産台数	4500台	8800台
1台当たり作業時間	0.8時間	0.6時間
配賦額（合計750万円）	$\frac{750万円\times(0.8\times4500)}{(0.8\times4500)+(0.6\times8800)}$ ＝304.05万円	$\frac{750万円\times(0.6\times8800)}{(0.8\times4500)+(0.6\times8800)}$ ＝445.95万円
製品1個当たり	$\frac{304.05万円}{4500台}$＝675.7円	$\frac{445.95万円}{8800台}$＝506.8円

精密な配賦計算も砂上の楼閣？

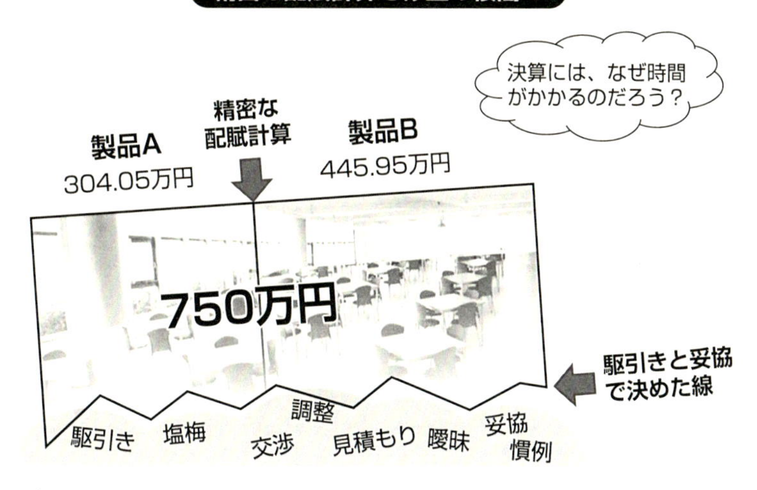

※駆引きの過程は記録されないので、年を経て配賦計算はブラックボックス化する

①精度の無い数値の上に精緻な原価計算を積み上げても意味がない
②配賦計算を重ねれば重ねるほど真実は見えなくなる

38

３０４・０５万円分だけ食堂を閉められるか？

固定費は発生単位で管理すべきもの

活動は高度に一体化している

　財務会計における「販売費および一般管理費」という**ゴミ箱然とした名称**が、適切な管理の障害になっていると常々感じます。それは実質的に製造原価以外の全ての費用を意味する言葉ですが、長大なサプライチェーン（あるいはバリューチェーン）の中から製造活動だけを切り離して管理する意義が今日どれだけあるのでしょうか？　１００年前にヘンリーフォードが取り組んだ製造労務費の比率はすっかり小さくなりました。近年の製造活動は高度に標準化・自動化され、管理による差が付き難くなっています。むしろ販売費および一般管理費の中にこそ**新しい勝負どころ**があります。

　例えば近年、製品のライフサイクルは極めて短くなりました。フルモデルチェンジとは言わないまでも、多くの製造現場でお客様の要望に合わせたカスタマイズが頻繁です。その時、製造部門（売上原価になる）と研究開発部門や生産技術部門（販売費および一般管理費になる。一部だけが売上原価になることもある）の活動は**強固に一体化したものとなります**（左上図）。そこに無理に境界を引こうとすれば恣意的な会計操作の温床になるばかりでなく、活動の全体が見えなくなって固定費（経営資源）の管理を困難にしてしまうのです。サプライチェーン全体を会計的に一体管理しなければ真のサプライチェーン・マネージメントは成功しません。

発生単位で管理する

　複雑な配賦計算には**膨大な労力とコストもかかります。**数字をいじくり回した挙句に仮に製品Aが「不採算」と判断された場合、製品Aに配賦した３０４・０５万円相当分だけ食堂を閉鎖できるわけでもありません。不採算の製品Aを廃止すれば、その負担は残った製品Bに重くのしかかり、今度は製品Bが不採算になってしまうかもしれません。

　経営資源（例えば社員食堂）を存続させるか／手放すかという問題は、その資源全体の生産性に照らして資源全体で判断されるべきことです（左下図）。

会社の活動が強固に一体化している例

- ✔ 会社全体で、納期短縮プロジェクトを実施した
- ✔ 会社全体で、自動化プロジェクトを推進した
- ✔ 会社全体で、工場の海外展開を行った
- ✔ 会社全体で、新製品を立ち上げた
- ✔ 会社全体で、新工法を立ち上げた
- ✔ 会社全体で、品質管理を強化しアフターサービスを充実させた
- ✔ 会社全体で、高度な経営資源を共有した

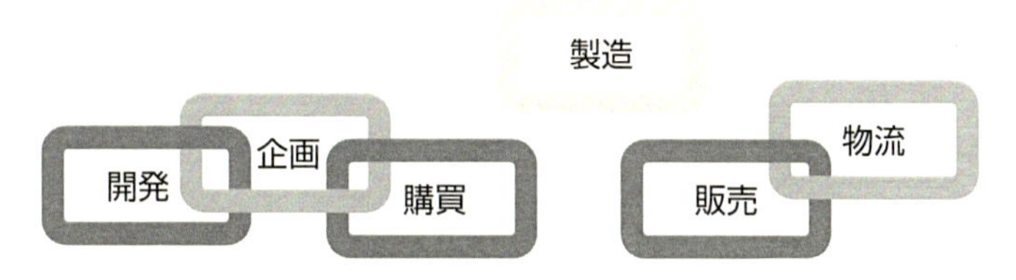

何故、製造だけをチェーンから切り離すのか？

304.05万円分だけ食堂を閉鎖できるか？

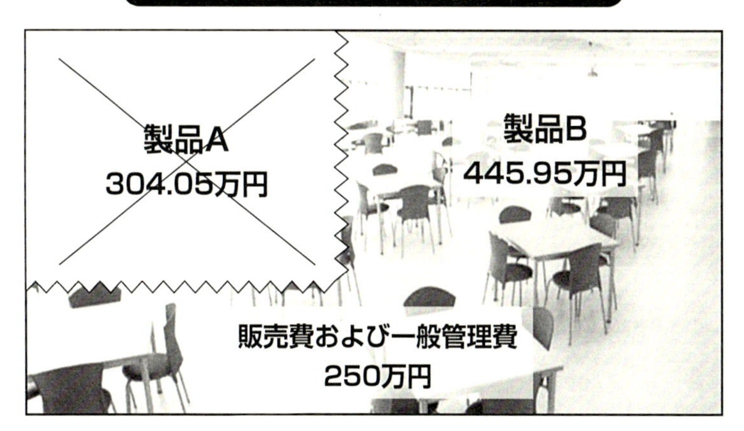

ポイントBOX
①サプライチェーンを分断すると恣意的な会計操作が起きる
②真のサプライチェーン・マネージメントのためには会計も一体化すべき

39 不採算製品を廃止すると何が起こるか？

これが実際に、財務会計で行われている判断

財務会計が導く判断の誤り

日に日に厳しさを増す経営環境の中、きちんとした原価計算で製品別の採算／不採算を明らかにし、厳密な損益管理をしようという考え方には根強いものがあります。そこではどうすれば固定費を厳密かつ正確に配賦できるかというテーマが論じられます。しかし性質の異なる変動費（コスト）と固定費（資源）を混ぜてしまうと、**重大な判断の誤り**を引き起こしてしまうことがあるので注意しなければなりません。

例えば先回、食堂の維持費（固定費）の配賦を行った製品A／製品Bの損益を詳細に分析すると、製品Aの粗利は▲14・05万円の赤字、製品Bの粗利は254・05万円の黒字だったことがわかりました（**左上図**）。製品Aの業績の悪さに引きずられ会社全体の営業利益も▲10万円の赤字となっています。そこで会社は不採算の製品Aを廃止することで事業を立て直すという決断を下しました。さて、これで実際に事業を**黒字化することはできるでしょうか？**　実は翌期に製品Aを廃止し製品Bの生産・販売に集中した結果、会社は▲300万円の赤字になってしまいました！　製品Aを廃止しても、製品Aが担っていた固定費304・05万円が消えてなくなる訳ではありません。この固定費を製品Bが新たに担うことになった結果、今度は製品Bが▲50万円の赤字となり、会社全体の損益も黒字にはならなかったのです。

管理会計なら、正しい判断ができる

先程の事例を管理会計で見てみましょう。売上原価から固定費を除外して付加価値を調べると、財務会計では赤字に見えた製品Aは、実は290万円の付加価値を稼ぎ出している黒字製品だったのです（**左下図**）。製品Aの廃止で、この290万円を失ったため事業全体の業績は悪化し、▲10万円の赤字が▲300万円の赤字に拡大したのでした。

事業を黒字化するには製品Aを廃止するのではなく**食堂全体を閉める**べきだったでしょう。それはどの製品でもなく会社全体が負担しているものだからです。

製品 A の廃止前（財務会計）

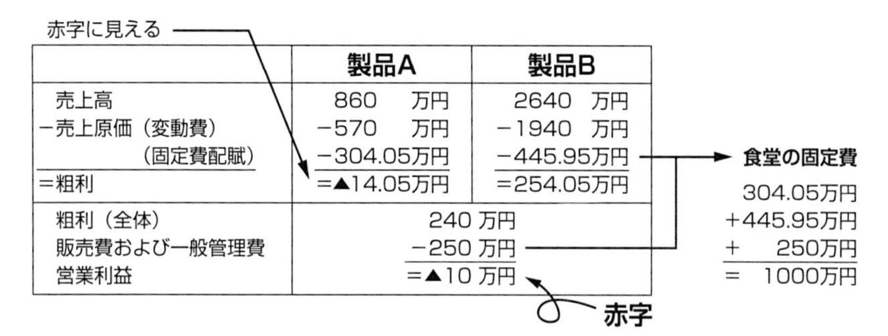

赤字に見える

	製品A	製品B
売上高	860　万円	2640　万円
−売上原価（変動費）	−570　万円	−1940　万円
（固定費配賦）	−304.05万円	−445.95万円
=粗利	=▲14.05万円	=254.05万円
粗利（全体）	240 万円	
販売費および一般管理費	−250 万円	
営業利益	=▲10 万円	

食堂の固定費
304.05万円
+445.95万円
+　250万円
=　1000万円

赤字

製品 A の廃止後（財務会計）

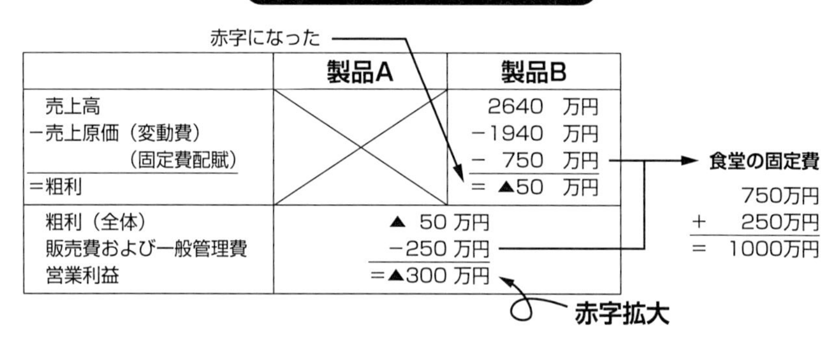

赤字になった

	製品A	製品B
売上高		2640　万円
−売上原価（変動費）		−1940　万円
（固定費配賦）		−　750　万円
=粗利		=　▲50　万円
粗利（全体）	▲　50 万円	
販売費および一般管理費	−250 万円	
営業利益	=▲300 万円	

食堂の固定費
750万円
+　250万円
=　1000万円

赤字拡大

製品 A の廃止前（管理会計）

実は黒字だった

	製品A	製品B
売上高	860　万円	2640　万円
−売上原価（変動費のみ）	−570　万円	−1940　万円
=付加価値	=290　万円	=700　万円
付加価値（全体）	990 万円	
固定費（全体）	−1000 万円	
営業利益	= ▲10 万円	

食堂の固定費
（一体管理）

赤字

①固定費を配賦すると製品の真の損益が見えなくなる
②固定費を配賦しない管理会計なら、正しい判断ができる

40

それなら在庫を積み上げろ!?

財務会計が引き起こす、もう一つの致命的判断ミス

合法的な粉飾で、会社を黒字に見せる

重大な判断の誤りで、まだまだ競争力のある製品Aを廃止してしまった会社ですが、財務会計による失敗は更に続きます。事業は製造部門に按分された固定費全体（750万円）の重さに耐えられず製品Bも▲50万円の赤字に転落しました（**左上図**）。それを見た老練の製造部長が「良い考えがある！」と一つの提案をします。実は製品Aの廃止により生産設備の稼働率が著しく下がっており、頑張れば製品Bを2倍生産できるというのです。営業部長は「市場に飽和感があり、売り上げは伸ばせない」と不安な顔をしましたが、経理部長が「生産数量2倍なら固定費も半分に薄まり、**大幅なコストダウン**になる。」と主張したため、この計画は実行に移されました。しかし、やはり営業部長の不安通り、売り上げは伸びず製品の半分が在庫になってしまったのです。「でも、これで製品の原価が下がり粗利が出た。今期は営業利益75万円の黒字だ！」と経理部長は鼻高々です。果たして本当にこれでよかったのでしょうか？

死蔵在庫を積み上げる動機をなくせ

先ほど財務会計で赤字の事業が黒字になったのは、2倍生産した製品の半分が期末在庫になったことで売上原価に配賦される固定費を半分（375万円）に圧縮できたためです。残りの半分（375万円）は在庫という名の資産として倉庫に積み上がり当期の費用計上を免れます。しかし当期に売れなかった余剰な製品は来期には更に売れないでしょう。恐らく数年後には廃棄され、在庫として繰り延べられた固定費（375万円）と、在庫に投じられた材料費などの変動費（1940万円）の両方（2315万円！）が一気に廃棄損となります。

このように固定費を薄めるために積み上げられた在庫は、**いつの日か致命的なダメージを会社に与える**のです。これこそが「在庫を持つな」と言われてきた本当の理由なのですが、そもそも固定費を配賦しない管理会計を使えば、余剰な在庫を積み上げる不純な動機そのものがなくなってしまいます。

製品 A の廃止後（財務会計）…粗利も営業利益も赤字

	製品A	製品B
売上高 −売上原価（変動費） （固定費配賦） ＝粗利		2640 万円 −1940 万円 − 750 万円 ＝▲ 50 万円
粗利（全体） 販売費および一般管理費 営業利益	▲ 50 万円 −250 万円 ＝▲300 万円	

食堂の固定費
750万円
＋ 250万円
＝ 1000万円

赤字

製品 B の在庫積み上げ（財務会計）…粗利も営業利益も黒字に見える

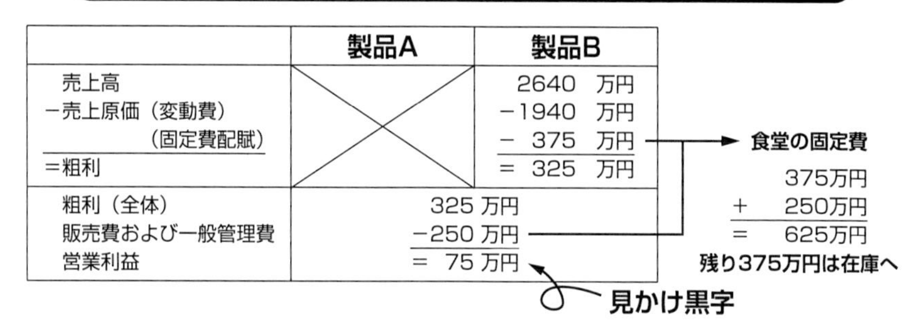

	製品A	製品B
売上高 −売上原価（変動費） （固定費配賦） ＝粗利		2640 万円 −1940 万円 − 375 万円 ＝ 325 万円
粗利（全体） 販売費および一般管理費 営業利益	325 万円 −250 万円 ＝ 75 万円	

製品 B の在庫積み上げ（管理会計）…在庫を積んでも赤字は赤字

	製品A	製品B
売上高 −売上原価（変動費のみ） ＝付加価値	860 万円 −570 万円 ＝290 万円	2640 万円 −1940 万円 ＝ 700 万円
付加価値（全体） 固定費（全体） 営業利益	990 万円 −1000 万円 ＝▲ 10 万円	

食堂の固定費
（一体管理）

変わらない真実

ポイントBOX

①余剰在庫で作り出す黒字は、一時しのぎの麻薬のようなもの
②固定費を配賦しなければ、純粋に戦略的な在庫水準が決められる

41 かかったものは仕方ない？お客様を裏切るな！

固定費配賦は製造業の身勝手

お客様を裏切る行為

製造部門と事務部門の不毛な駆引き、誤った採算性の判断、不適切な余剰在庫の積み上げ…これらは多くの会社で実際に起こっていることです。計算に膨大な人員が投入された挙句に誤った経営判断が下される固定費配賦は、今日の財務会計が引き起こす悲劇ですが、配賦には更に本質的な問題があります。それはフル生産の時には目立ちませんが、**稼働率が下がる**と顕著に見えてくる問題です。

製品Bを8800台生産すれば、先ほどの750万円の固定費は1台当たり852・3円の配賦となります（左図）。余剰在庫を覚悟して2倍生産すれば426・1円です。これ位なら有り得る水準だと感じられるかもしれません。しかし低成長の時代、売上数量が激減し、とうとう1台になってしまったら配賦はどうなるのでしょうか？　財務会計のルールに従えば固定費の全て（750万円）をたった1台の製品Bに配賦することになります！　これは最後の最後まで製品Bのファンで居続けて下さり製品Bを支持して下さった最後の一人のお客様に、事業判断の失敗のツケを負わせる行為、極言すれば**お客様の信頼に対する裏切行為**だと言えるでしょう。これが固定費配賦の本質なのです。今日のようにフル生産を前提にできない状況では、固定費配賦に基づく値決めは経済社会の実態から遠く乖離したものとなります。「〇〇の費用がかかったぁ」と言って原価を積算し売価を決めるのは時代錯誤であり、プロダクトアウトの発想です。それは決してお客様の信頼を勝ち得る値決めにはなりません。

目安は計算してよい

「固定費を配賦しないと売価が決められないので困る」というお話をよく聞きます。もちろん売価の目安を知る目的で固定費を疑似的に配賦計算してみることには全く問題ありません。「配賦しない」というのは、配賦をそのまま実際の値決めや業績評価に使わないという意味です。今日、売価は最終的には市場が決めます。

お客様を裏切る行為!?

製品Bの生産数量	製品1台当たりの配賦額	1台当たりの売価格設定例
8800台	852.3円	3852円/台
17600台	426.1円	3852円/台
4400台	1704.5円	4704円/台
2200台	3409.1円	6409円/台
1台	7500000.0円	750万3000円/台

製品1台当たりの配賦額の計算

750万円÷　8800台=　852.3円
750万円÷17600台=　426.1円
750万円÷　4400台=　1704.5円
750万円÷　2200台=　3409.1円
750万円÷　1台=7500000.0円

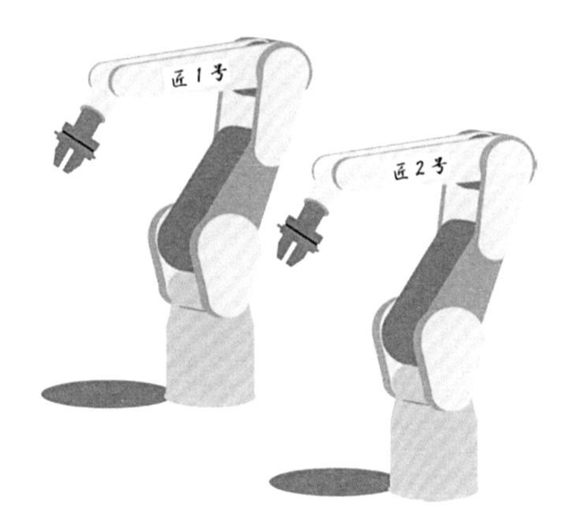

ポイントBOX
①固定費の配賦は、社内の事情をお客様に押しつける行為
②固定費の配賦では、適切な売価は決められない

42 最新工場を動かすな!? 配賦が止めた新工場

担当者が負うべきでない責任

最新工場を動かすな？

固定費を配賦することの本質を示すもう一つの失敗例がありますので紹介しましょう。ある会社の製造部門には上海工場と無錫工場の二つの工場がありました。両工場とも毎月の生産台数は１００００台、製品1台当たりの材料費（変動費）は同じで１０００円、両工場とも古い工場だったので減価償却（固定費）はゼロ円でした。

しかし安全上の理由から老朽化が問題となり、たまたま無錫工場で設備更新が行われたのです。無錫工場では新たに１４７万円の減価償却費がかかりますが、最新設備で歩留りが向上したため1台当たりの材料費は１００円節減され９００円ですみます（左上図）。

冷静に考えれば固定費は**使っても使わなくても発生**するものですから、歩留りの良い無錫工場をフル生産にした方が会社全体としては有利な筈です。しかし実際には老朽工場の上海工場がフル生産となり、無錫工場がガラガラになるという不思議な現象が起こりました。それは無錫工場の固定費の**配賦を嫌った営業担当者**が、固定費配賦の無い上海工場での生産を指定したからでした。本来、無錫工場をフル生産（１５０００台生産）にすべきところ、上海工場でフル生産（１５０００台生産）し無錫工場をガラガラ（５０００台生産）にしてしまったことの会社全体としての損失は１００円×（１５０００台−５０００台）で１００万円です。そもそも安全の問題に発した経営上の意思決定でしたが、老朽設備のフル操業で上海工場の労災リスクも高まってしまいました

せっかく優れた経営資源が取得されながら、古い原価計算による固定費配賦を敬遠して**資源がフルに生かされない**という事例は少なくありません。これも変動費（コスト）と固定費（資源）を区別しないことによる判断ミスです。現場の担当者が管理し責任を負うべきは変動費のみです。担当者は変動費だけを見て変動費が最小になるよう行動すればよいのです。そこに固定費を混ぜると正しい行動が選択されません。

財務会計が起こした悲劇

工事前

	上海工場	無錫工場
生産数量	10000台	10000台
1台当たり変動費	1000円	1000円
1台当たり固定費	0円	0円
合計	1000円	1000円

歩留り向上

工事後

	上海工場	無錫工場
生産数量	15000台 フル生産	5000台 ガラガラ
1台当たり変動費	1000円	900円
1台当たり固定費	0円	294円
合計	1000円	1194円

不利に見える

無錫工場における固定費配賦額
147万円÷5000台=294円

管理会計なら？

変動費で正しい比較

	上海工場	無錫工場
生産数量	5000台 ガラガラ	15000台 フル生産
1台当たり変動費	1000円	900円

本当は有利

ポイントBOX
①変動費と固定費を混ぜると経営資源が活かされなくなる
②現場の担当者にとって、固定費は管理不能なもの

43 この提案を受けるべき？受けないべき？

差額原価、埋没原価もこれなら簡単！

魅力的な提案に見えた？

設備更新の固定費で、すっかり営業部門から敬遠されてしまった無錫工場でした。悩める工場長の所に外部業者から1つの提案が持ち込まれます。無錫工場では1台当たり1194円の製品を、材料費込みで950円という破格値で提供しましょうという提案です（左図）。950円なら上海工場の1000円を下回ることもでき、「無錫は高い！」という不名誉なレッテルを挽回できそうです（財務会計の比較）。さて工場長はこの申し出を受けるべきでしょうか？

答えは「受けるべきではない」です。何故なら原価1194円の内の294円は固定費であり、業者の申し出を受けても受けなくても減らすことができないからです**（これを埋没原価と呼びます）**。業者の申し出を受けて削減できるのは変動費の900円だけですから、この900円と業者の申し出を受けて増加する950円を比較すべきということになります（管理会計の比較）。結局、業者に頼めば変動費が50円増えてしまうため、工場長はこの申し出を断らなければなりません**（この差額50円を差額原価と呼びます）**。難しげな原価概念が並びましたが、変動費（コスト）と固定費（資源）を常に区分管理していれば判断を誤ることはありません。

余ったヒトがやるべきこと

いったんは断った申し出でしたが、更に別の業者から900円を下回る850円の提案があり、工場長は遂にその提案を受け入れることにしました。工場長が気になるのは工場で余ってしまう人員の扱いです。しかし工場長はこの現実を率直に受け止め、なぜ他の業者では850円で同じ製品が提供できるのかを調査しなければなりません。同時に工場長は人員一人ひとりの生産性を分析し、生産性が低い人にはその事実を伝えて成長を促さなければならないでしょう。**作業者も受け身にならず、**経営資源の一画をなす人材としての自覚を持ち、強固なサプライチェーン構築や新製品の立ち上げに貢献して、自分自身の価値を高める努力をしなければなりません。

無錫工場は、業者の提案を受けるべきか？

財務会計の比較

	無錫工場	外部業者
1台当たり変動費	900円	950円
1台当たり固定費	294円	0円
合計	1194円	950円
	不利	有利

結論：外注する

管理会計の比較

	無錫工場	外部業者
1台当たり変動費	900円	950円
	有利	不利

結論：外注しない

事実を真摯に受け止める

管理会計の比較

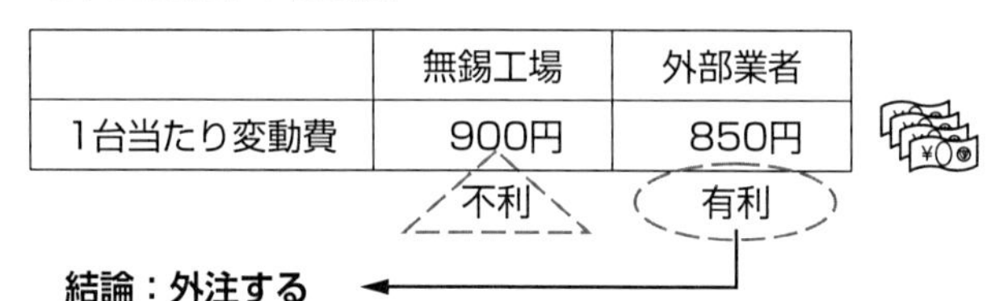

	無錫工場	外部業者
1台当たり変動費	900円	850円
	不利	有利

結論：外注する

ポイントBOX
①変動費と固定費を混ぜなければ正しい外注判断ができる
②余った人員は自覚を持って新しい価値に挑戦する

丁寧な仕事をされたら迷惑だ？

配賦をすると資源は遊び、ヒトは育たない

配賦をすると資源を活かさない方向に力が働く

先回の新鋭工場（無錫工場）の事例でも見られた通り、固定費をバラバラにしてコスト化し個々の製品に配賦すると、**「なるべく使わないようにしよう！」**という方向に力が働きます。その結果、仮に経営資源（新鋭工場、新社屋、人材、研究開発費など）に余力があっても積極的に活かそうとせず、資源を余らせてしまうことになりかねません。資源（例えばヒト）の立場からは**「余計なこと」**をすれば配賦が増えて叱られますから、存分に良い仕事をすることができず、成長のチャンスを掴むこともできません（**左上図**）。コストは節減されるべきものだからです。

配賦をしなければ資源を活かす方向に力が働く

固定費（資源）を変動費（コスト）から明確に切り離し、個々の製品への配賦をしなければ、資源を目いっぱい活用しようという方向に力が働きます（**「ぜひ力を貸して欲しい！」**）。資源の側から見ても、付加価値の生産性（付加価値÷労務費で測られる）を高めるため、一つでも多くの製品に関与し質の高い仕事をして付加価値を稼ぎ出そうとする動機を持つことになります（**「ぜひ、この製品をやらせて下さい！」**）。生産性が問われ能動的な行動を求められることで、資源（ヒト）は自らを磨き業務効率を改善して、自身が稼ぎ出す価値を高めようとするでしょう（**左下図**）。資源は育てて活かすものです。

そもそも生産性を問われたことすらなかった！

長年、国内ではホワイトカラーの生産性が上がっていないと言われてきました。その重要な理由の一つは、①そもそも生産性を問われたことがなく、②成長に向かう行動を起こすチャンスも与えられていなかったことにあります。ひたすらに作れば済む時代は終わり、経営資源であるヒト一人ひとりの創意工夫で新たな価値を生み出すべき時代となりました（創造業の時代）。これからの製造業の生き残りは、最も重要な経営資源である**ヒトの生産性を如何に高めるか**にかかっています。

固定費を配賦すると…（財務会計）

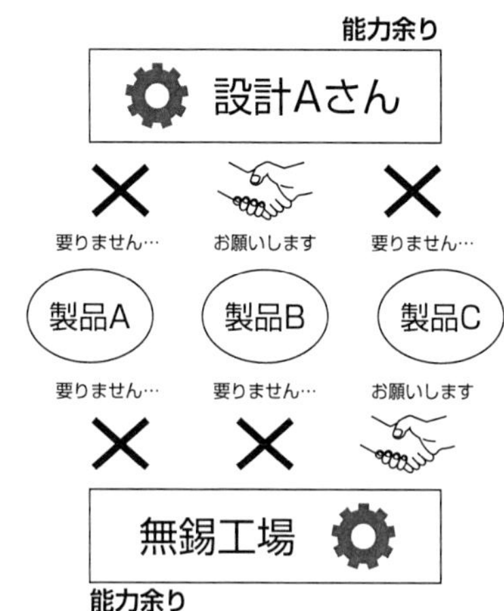

資源が遊ぶ…

固定費を配賦しなければ！（管理会計）

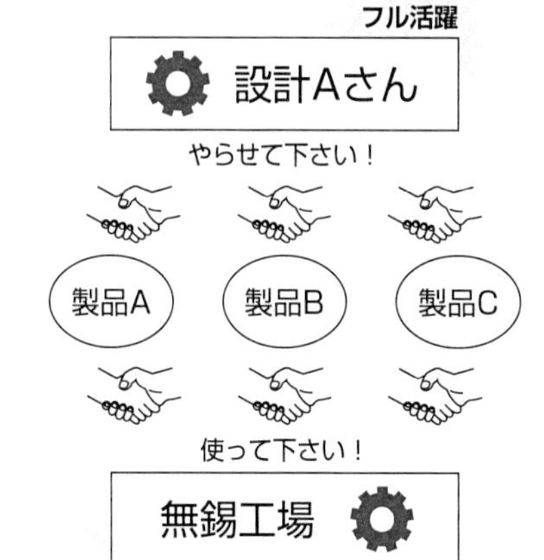

全力で活躍！

①配賦をすると固定費が遊ぶ
②配賦をするとヒトが育たない

45 え、配賦すべき固定費がある？

便宜的固定費とＡＢＣ
（Activity Based Costing）

便宜的な固定費

固定費の原則は配賦しないことだと説明してきましたが、実は配賦すべき固定費が一つだけあります（！）改めて…変動費とは標準値を定め目標管理するコストでした。目標管理には正確な実績値の計測が不可欠ですが、この計測にもコストがかかります。そこで実務上は、計測コストをかける程の重要性がない変動費を固定費として扱い、**目標管理から外してしまう**ことが多いのです。

一般的には軍手代、ウェス代、潤滑油代、電球代などが想定されます。ところが変動費の中には計測のコストはかけたくはないけれどもそれなりに重要な変動費もあるので注意しなければなりません。この「それなりに重要な変動費」を管理会計上は「便宜的な固定費」と呼びます。

ＡＢＣの可能性と限界

例えば電気代は物理的性質としては変動費だと考えられます。しかし多くの現場で、電気の使用量を製品別に測定していません。それは電力量計の設置や読み取りにコストがかかるためです。そんな電気代を目標管理のＰＤＣＡに乗せるために行われるのが配賦です。即ち、工場全体で測定した電気代を、何らかの基準で各機械装置に配分し、最終的には個別の製品に配賦するのです。配賦とはいえ、**本質的には変動費ですから**、科学的に妥当な配賦基準（ドライバーと呼ばれます）を見出すことが可能です。電気代であれば機械装置の運転時間などが良いドライバーになるでしょう。このように発生するコストの種類に応じて適切なドライバーを見出し、きめ細かく配賦していく計算方法をＡＢＣ（Activity Based Costing）と呼んでいます。

ＡＢＣを用いれば、便宜的固定費を変動費に準じて管理できます。ただ、先ほどの食堂の維持費の例のように物理的に本質的な固定費の場合には科学的なドライバーが存在しません。ＡＢＣは強力な経営ツールですが、便宜的固定費の事例をもって直ちに全ての固定費を配賦すべきだと考えるのは妥当ではないので要注意です。

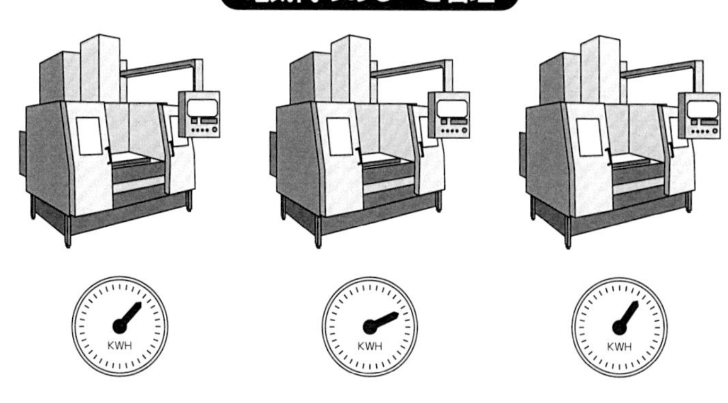

個別に電気使用量を測り、変動費として管理

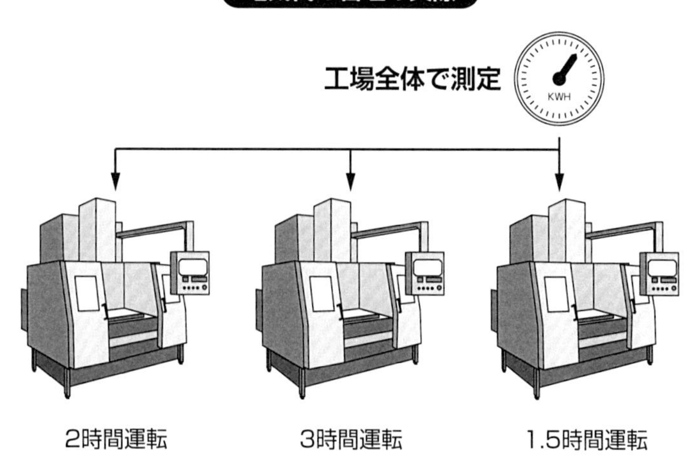

何らかのドライバー（例えば運転時間）で配賦

①便宜的固定費の本質は変動費
②便宜的固定費には科学的なドライバーが存在する

配賦すべき固定費、配賦すべきでない固定費

固定費とは、標準値管理をしないもの全て

製造原価

ここまで固定費の配賦の問題を長々と論じてきたのは、**変動費と固定費のけじめ**こそがこの管理会計の核心だからです。しかし前回、「配賦すべき固定費がある」と説明を申し上げたので「?」と思われている方もいらっしゃるかもしれません。配賦の問題をより深く理解いただくため固定費の扱いについてまとめておきましょう（左図）。

固定費の原則は、配賦しないこと

固定費の原則は配賦でバラバラにしないことです。しかし区分Ⅳは要注意です。

区分Ⅰ：重要な固定費…ヒト、モノ、カネに関わる固定費など

原則通り配賦によってバラバラにせず、全体としての生産性を検討し管理します。

区分Ⅱ：軽微な固定費…委託警備費など

区分Ⅰと同じですが、重要なものではないと判断するなら生産性は検討しません。

区分Ⅲ：軽微な変動費…軍手代や潤滑油代など

測定の手間をかける重要性がない変動費は、軽微な固定費に準じて処理します。

区分Ⅳ：やや重要な変動費（便宜的な固定費）…電気代など

本質的には変動費であっても、測定コストがかかるため便宜的に固定費扱いされているものです。本質は変動費なので**科学的な配賦基準が必ず存在します**。必要があれば、この配賦基準（ドライバー）を使って各製品に配賦し変動費として管理できます。この時の配賦計算をＡＢＣ（Activity Based Costing）と呼ぶことがあります。科学的なドライバーが存在しない区分Ⅰ、Ⅱと混同しないよう注意します。

「固定費をきちんと配賦すれば原価管理の精度が向上する」といわれることがありますが、こうした説明の例示に使われるのは、しばしば便宜的固定費です。しかしその事例だけをもって区分Ⅰ・Ⅱの固定費を配賦すべきだということにはなりません。

様々な固定費の取り扱い

	物理的な変動費	物理的な固定費
重要なもの	**管理上の変動費** 原材料、部品代、変動労務費 外注加工費、外注物流費 在庫金利 ⇒ **製品毎に直接集計する**	**区分Ⅰ：重要な固定費** 固定給の労務費（ヒト） 委託研究費（ヒト） 減価償却費（モノ） 長期金利（カネ） ⇒ **配賦しない**
やや重要なもの	**区分Ⅳ：便宜的な固定費** 電気代、ガス代、水道代 ⇒ **配賦することがある**	例えばABC
軽微なもの	**区分Ⅲ：軽微な変動費** 軍手代、潤滑油代、電球代 ⇒ **配賦しない**	**区分Ⅱ：軽微な固定費** 委託警備費、委託清掃費 ⇒ **配賦しない**

VS

コスト
製品毎に集計

資源
ヒト毎に集計

ポイントBOX
①固定費の原則は配賦しないこと
②便宜的固定費と他の固定費を混同してはいけない

真実を直視し カイゼン不正と戦え！

会計と繋がらない
カイゼンの限界

何を基準に生産性を測るか？

多くの現場がカイゼンに取り組み、標準時間に対する実際時間によって生産性を評価しています。しかし今日、製品のライフサイクルが短くなりモデルチェンジやカスタマイズが頻繁になったため**合理的な標準時間の見積りが困難**になりました。成果を焦って見積りを甘くすれば実体のない生産性向上を簡単に作り出せてしまいます。

例えばある現場の期首計画における機種Eは生産ラインに初めて投入される新製品でした。未知の機種であり組立時間の実績データがなかったので、確実な生産のため1台当たりの標準組立時間を9分で計画しましたが、1年後の実績は6分ですみました。この9分と6分の差により工程全体では15％のカイゼンが報告されたのです（**左上図**）。しかしそもそも新機種Eの標準時間の見積りに妥当性がなかったとしたら、これは実体のない成果報告です。また製品を何分で組み立てたかは工場の都合であり、**お客様には関係のないこと**ですから成果は製造業の独りよがりにすぎません。

会計と繋がらないカイゼンの不毛

カイゼンは今後も大切な活動ですが、労務費削減の視点ではなく、納期の超短縮など価値創造の視点へと切り替えていく必要があります。

ある現場では作業日誌で実際時間を把握し生産性改善の評価をしていましたが、月末締めの作業日誌と20日締めのタイムカードを調整し突合したところ15％（100人分！）の労務費が行方不明でした。そして15％分の生産性改善が報告されていたのです（**左下図**）。

これも会計と繋がらないカイゼンの限界だったと言えるでしょう。真の生産性は、工場の付加価値生産性（即ち、工場が貢献した製品の付加価値÷工場の固定費）で表現できます。

付加価値は営業努力の影響も受けますが、**工場も営業部門と協力して**強固なサプライチェーンを構築し、新製品を立ち上げるといった価値創造活動に責任を負うのです。

会計と繋がらないカイゼンの限界（その1）

期首の計画

標準時間		組立台数	組立時間
機種A	5分	100台	500分
機種B	4分	200台	800分
機種C	6分	50台	300分
機種D	3分	180台	540分
機種E	9分	200台	1800分
合計			3940分

期末の実績

標準時間		組立台数	組立時間
機種A	5分	100台	500分
機種B	4分	200台	800分
機種C	6分	50台	300分
機種D	3分	180台	540分
機種E	6分	200台	1200分
合計			3340分

15%の生産性向上と報告された

生産性改善の計算：(3940分－3340分)÷3940分＝15%

会計と繋がらないカイゼンの限界（その2）

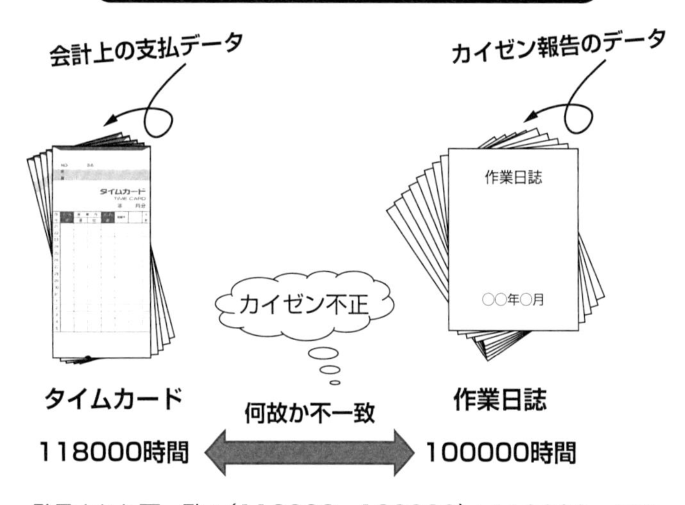

発見された不一致：(118000－100000)÷118000＝15%

ポイントBOX
①標準時間を基準にして生産性を評価することは難しい
②会計と繋がらないカイゼンは真の生産性改善を妨げる

48

どうすれば生産性を測れるか？

今までのカイゼンは製造業の独り善がりだった

評価の基準を失ってしまったカイゼン

従来のカイゼンは、あるべき作業時間（標準時間など）と実際の作業時間を比較して活動の効果を評価してきました。これは100年前からの手法です。しかし昨今では標準時間を正しく見積もることが困難なため、前年の実績との比較で評価をすることが多いようです。

例えば**左上図**のケース1の場合、製品Aを1台組み立てるのに要した時間は20分→16分→13分と短くなっており一定のカイゼン効果があったと見做されることになるでしょう。ところが**毎年のモデルチェンジ**で製品の複雑度が変化している場合には前年の実績と比較できません。例えばケース2では製品A2の組立時間が12分なのに対し、製品A3の組立時間が15分と長くなっていますが、製品A3は製品A2より複雑な製品だったかもしれません。結局のところ作業時間の管理ではカイゼンの効果があったか／なかったかを**客観的に評価できない**のです。

付加価値を用いた評価

ここで付加価値を用いると新しい事象が見えてきます。ケース2の製品A、製品A2、製品A3の1台当たり付加価値は、それぞれ2000円、1224円、1575円でした（ケース3）。ここで付加価値生産性を求めると以下の通りとなり、製品A3の方が製品A2より生産性が高かったことが評価できます。

〈付加価値生産性の比較〉

製品A　：2000円÷20分＝100円／分

製品A2：1224円÷12分＝102円／分

製品A3：1575円÷15分＝105円／分

また、先程は効果があったと見做されたケース1を付加価値生産性で見直すと、100円／分→95円／分→94円／分と低下しており、実際には生産性向上が追いついていなかったことがわかります（ケース4）。工場内で、何分で製品を組み立てたかは製造業の社内事情にすぎず、**お客様にとっての価値**を高める活動ではないのです。

作業者の生産性を測る

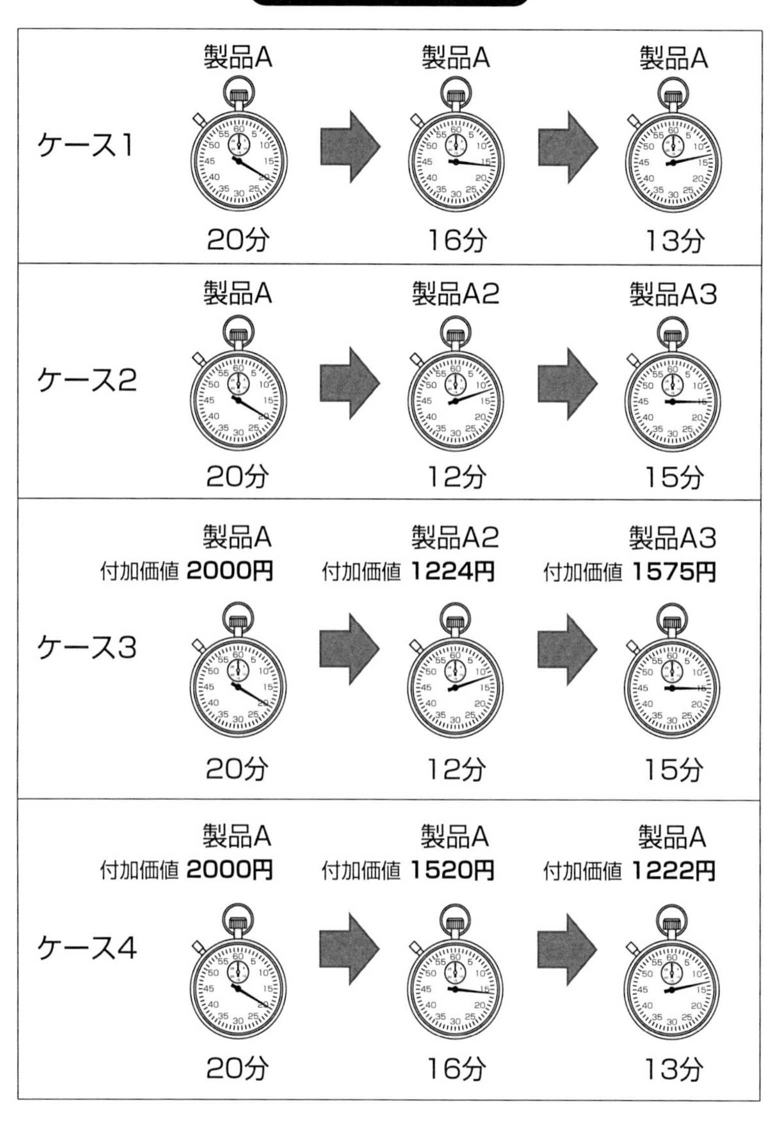

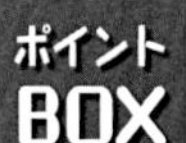

①作業時間の比較では、カイゼンの効果は評価できない
②付加価値生産性を用いれば、カイゼンの効果を評価できる

49 手待ち、手待ち、手待ちを創れ！

ヒトは手待ち時間に技を磨き、成長のチャンスを掴む

ヒト毎に付加価値生産性を測る

従来のカイゼンが製品毎の作業時間に基づいてカイゼン効果を測定していたのは、作業時間に基づく固定費配賦が前提だったからです。しかし固定費を配賦した特定の製品の成績が悪くても**何も手が打てません。**作業時間が同じでも作業者の労務費が異なる場合もあります。

そこで新しい管理会計では経営資源であるヒト毎に生産性を測定し、生産性が不十分なら支援します。例えば**左上図**のケース1では作業時間当たりの付加価値生産性は、作業者Aが最高（2・5万円／時間）、作業者Bが最低（2・3万円／時間）でした。しかし実際には各作業者の労務費が同じではないため労務費当たりの付加価値生産性に修正しなければなりません。すると本当は作業者Aが最低（7倍）、作業者Bが最高（9倍）の生産性だったことがわかります。従って作業者Aこそ支援を必要としており、**自らも自覚を持って努力**しなければなりません。

正社員の山田さんは、自ら価値を取りに行く

固定給の正社員・山田さんは**資源としての自覚を持ち**自から生産性を改善しようとしています。山田さんはまず残業時間を減らすことで生産性を改善しました。その結果、山田さんの労務費は800万円となりましたが、その内の4分の1は会社から正式に認められた共通作業だったため組立作業の実績は600万円相当だったことになります（**左下図**）。他方、山田さんが組立てた製品の付加価値は累計で4200万円だったため、付加価値生産性は7倍（＝4200÷600）と求まります。山田さんは更に生産性を改善し、自ら200万円相当の手待ち時間を創出しました。この段階での正式な生産性はまだ7倍のままですが、山田さんは手待ち時間を活用して自分自身の組立スキルを磨き、**立候補して認められ**新製品の立ち上げに正式に参加することになりました。この段階で山田さんの生産性は10・5倍（＝4200÷400）にアップします。新製品は、今年はまだ付加価値ゼロですが、やり甲斐があり、誇りの持てる仕事です。

固定給の作業者の生産性を測る

	作業者A	作業者B	作業者C
ケース1	付加価値 5250万円 / 作業時間 2100時間 =2.5万円／時間	付加価値 4968万円 / 作業時間 2160時間 =2.3万円／時間	付加価値 5520万円 / 作業時間 2300時間 =2.4万円／時間
ケース2	付加価値 5250万円 / 労務費 750万円 =7.0倍	付加価値 4968万円 / 労務費 552万円 =9.0倍	付加価値 5520万円 / 労務費 690万円 =8.0倍

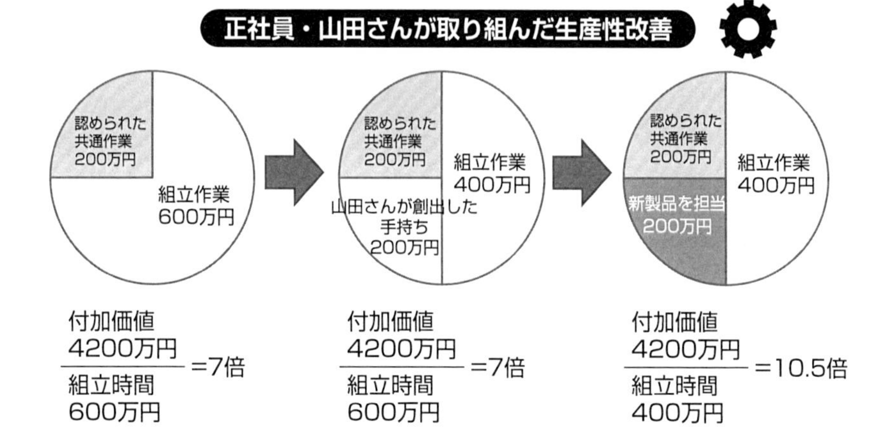

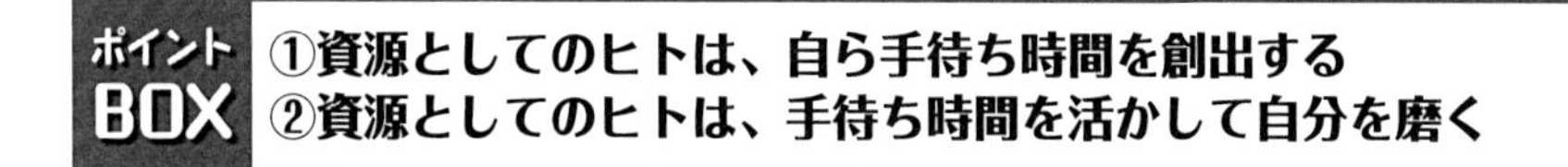

コストの道 vs 資源の道

真のカイゼンを復活させる処方箋

コストの道

仮に固定費（例えば固定給の労務費）をコストと見做して製品に配賦すると、各事業部の担当者は配賦を嫌い、固定費をなるべく使わないようにします。その結果、資源は有効に活かされません。また固定費（例えばヒト）の側も、**余計なことをしないよう**消極的な行動に向かう結果となるでしょう。例えば社員食堂の料理人のケースなら、コストを抑えることを最優先し、品質を犠牲にして安い食材を使うかもしれません。料理に手間をかければ叱られますから、手早く適当に作るかもしれません。心地よい雰囲気を作れば社員の長居でコストがかさみますから、狭い部屋で、短時間で食事をさせるように仕向けるかもしれません。

資源の道

管理会計では、固定費を資源と見做し、その価値と生産性に自ら責任を負わせます。製品を通じた価値獲得に直接貢献しない間接作業や間接部門の方々であっても、常にその存在意義を問われ、自らの価値を主体的に高める努力が求められます。全ての小さな努力の積み重ねは、**いつか必ず大きな創造に繋がる**でしょう。新しい業務のやり方、新しい人間関係、新しい挨拶、新しい小さな気配り、新しい感謝…例えば社員食堂の料理人なら、自らの創意工夫で精一杯に腕を振るい社員食堂や自分自身の価値が高まるように努力することになります。価値が高まれば社内での評価も高まり、更に大きなチャンスや報酬を手にすることができるかもしれません。何より料理人は自分自身の成長と、社会に通用するスキルという最強の報酬を手にするのです。

実は、正にこれこそが、**本来のカイゼンの姿**でした。かつて社員は全員が会社の資源でした。会社には余裕があり、一人一人の自主的な活動を認める余地がありました。社員も強い共同体意識の下、果たすべき責任をしっかり自覚して行動していたのです。資源の道は、本当の意味でのカイゼン復活の道でもあります。

コストなのか？　資源なのか？

コストの道

＜課せられた目標＞
製品に配賦されるコストを抑えること

＜思考パターン＞
どうすれば社員食堂のコストは減るだろうか？
余計な努力をすれば叱られる
言われたことだけをやっていればよい

＜行動パターン＞
安い食材なら何でもよい
短い時間で集中的に食べて貰おう
狭い部屋で我慢して貰おう
料理人として腕を磨くチャンスはないなぁ…

資源の道

＜課せられた目標＞
食堂／会社／自分自身の価値を高めること

＜思考パターン＞
どうすれば社員食堂の価値は高まるだろうか？
そうだ、従業員の時間節約に貢献しよう！
そうだ、従業員の健康管理に貢献しよう！
そうだ、従業員のモチベーションアップに貢献しよう！
会社のイメージアップで、人材採用に貢献しよう！
心地よい空間で、商談にも使ってもらおう！
空いた時間は社外にも開放し、価値を稼ごう！

＜行動パターン＞
価値ある食材を選択しよう！
美味しい食事を工夫しよう！
食堂の雰囲気を良くしよう！
料理人として腕を磨き、成長しよう！

ポイントBOX

①コストとして扱うとヒトは育たない
②資源としての責任とチャンスこそがヒトを育てる

付加価値生産性を負うて遠き道を行くがごとし

正社員はチェーンの構成員として自覚を持つ

価値を問われなければ成長はない

直接部門の付加価値生産性を検討する方法の一例を紹介しましょう。ある会社で稼ぎ出した付加価値は全体で10000万円でした。会社は事業を販売部門3名、物流部門2名、製造部門4名、購買部門3名、設計部門3名で回しています。各部門の正社員が担っている付加価値の範囲と、各自の労務費の水準は**左上図**の通りでした。各自の付加価値と労務費の比（即ち付加価値生産性）を算出したものが**左下図**です。業務の性質が異なるため部門間の付加価値生産性の直接比較には意味がありませんが、部門内の担当者相互の**付加価値生産性の差**を見ることができます。例えば製造部門ではFさん（労務費600万円、扱う付加価値3000万円）の生産性が高く（5・0倍）、他の3名（Gさん、Hさん、Iさん）は製造部門の平均値（4・3倍）を下回ってしまっています。付加価値生産性が低い3名は、Fさんや上司や他部門と協力し、

1．自身が取り扱っている製品の価値を高める努力
2．自分自身が取り扱える製品の数量や種類が増えるようにする努力
3．価値の高い製品や価値ある活動に参加できるよう周囲に働きかける努力

をしなければなりません。こうしてメンバーが常に価値（事業の価値、製品の価値、自分自身の価値）を意識して行動すれば、全体の生産性も向上することになります。

付加価値生産性や新しい価値へのチャレンジを見る

たまたま担当している製品や顧客の状況は様々ですし、未知の新テーマへのチャレンジや他のメンバー支援など各自自身の付加価値生産性だけでは評価できない要素も数多く存在します。これらは付加価値生産性の毎年の伸び率や価値創造活動への取り組みなどで評価することができます。大切なのは、**いったんは付加価値生産性を算出**した上で一人ひとりの事情を個別に見て行くことです。問われることでヒトの意識が変わり、その成長が促されるからです。

サプライチェーンにおける付加価値の分担

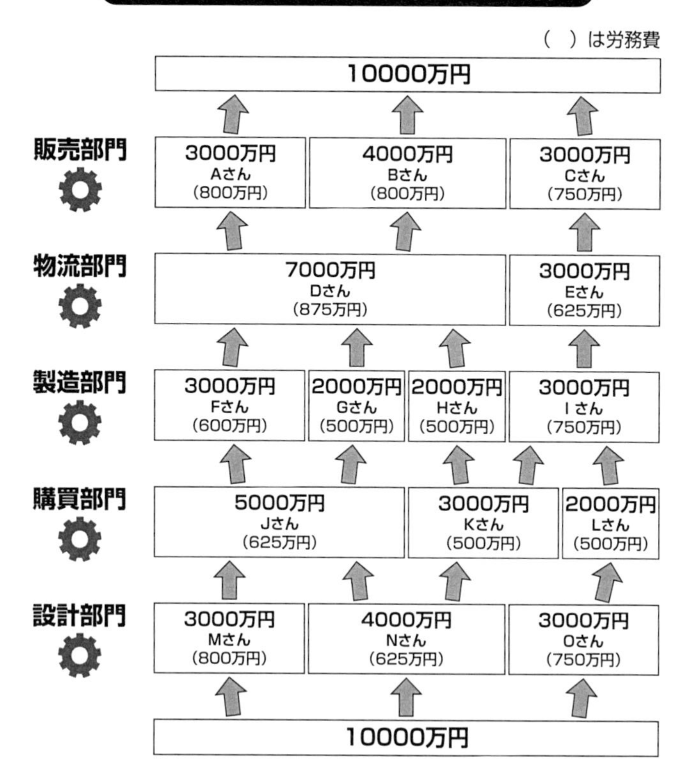

ベストプレーヤーに学べ！

部門				
販売部門（平均 4.3）	A さん 3.8 倍	B さん 5.0 倍	C さん 4.0 倍	
物流部門（平均 6.7）	D さん 8.0 倍	E さん 4.8 倍		
製造部門（平均 4.3）	F さん 5.0 倍	G さん 4.0 倍	H さん 4.0 倍	I さん 4.0 倍
購買部門（平均 6.2）	J さん 8.0 倍	K さん 6.0 倍	L さん 4.0 倍	
設計部門（平均 4.6）	M さん 3.8 倍	N さん 6.4 倍	O さん 4.0 倍	

①付加価値生産性を問われて成長が促される
②付加価値生産性だけでは評価できない要素もある

それでもまだ固定費を配賦しますか？

今、財務会計で起こっていること

製造固定費を配賦すべきでない理由

製造部門の固定費を配賦すべきでないという説明を申し上げると、「売上原価がわからない」「製品別の損益がわからない」といった御指摘をいただきます。しかし固定費には根拠ある配賦基準が存在しない以上、**売上原価を計算したつもりになっていただけ**なのです。固定費を配賦でバラバラにしてしまうと真に問うべきヒトの生産性が見えなくなり、その成長を妨げます。更には、知らず知らずのうちに関係者の発想や行動を制約し、ビジネスモデルのパラダイムシフトを妨げてしまいます。

1. 固定費は予め計画されたもので、現場では管理不能なもの　（第5話）
2. 期末日になるまで配賦額が確定せず原価差異の把握が遅れる　（第24話）
3. 配賦によって事実と駆引が混じり合い、無意味な数字になる　（第36話）
4. 配賦計算には膨大な手間を要し、ブラックボックス化しやすい　（第37話）
5. 製造部門と非製造部門の活動分断、不適正な会計処理の温床　（第38話）
6. 固定費を薄めるための過剰生産で、余剰在庫を持つ動機になる　（第40話）
7. 固定費配賦による値決めはプロダクトアウトの発想、お客様への裏切り　（第41話）
8. 配賦を嫌って最新工場が止まる、資源が遊ぶ　（第42話）
9. 配賦の基準となる標準時間を合理的に決められないことがある　（第47話）
10. 配賦で細切れにすると資源の生産性が管理できない。人材も育たない　（第49話）

配賦計算の枠組みは概ね100年前に整備されました。それはフル生産を前提とし、**右肩上がりの成長経済**の中でこそ機能し得た会計です。今日多くの限界が生じているのはやむを得ないことです。しかしそうした会計に、新しい管理会計を使えばこれらの問題は全て解決され（！）、会社の業績回復に大きく貢献できるのです。

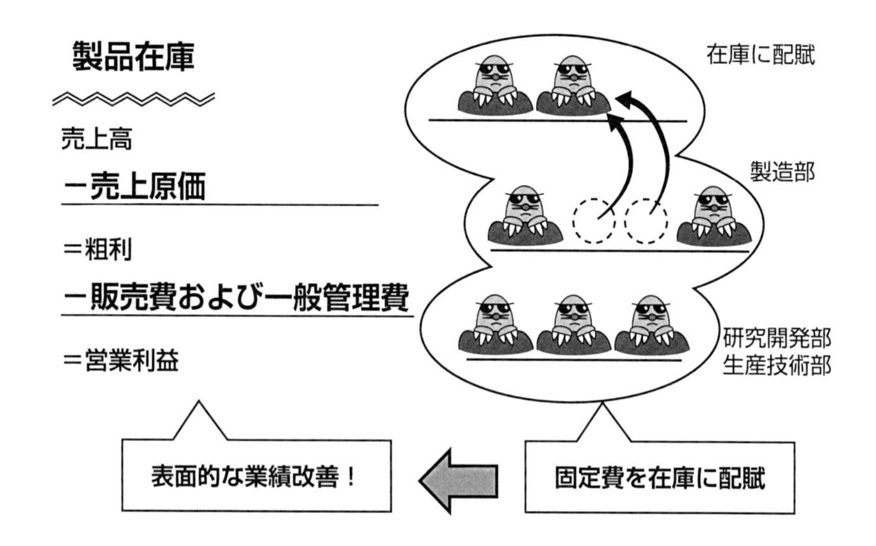

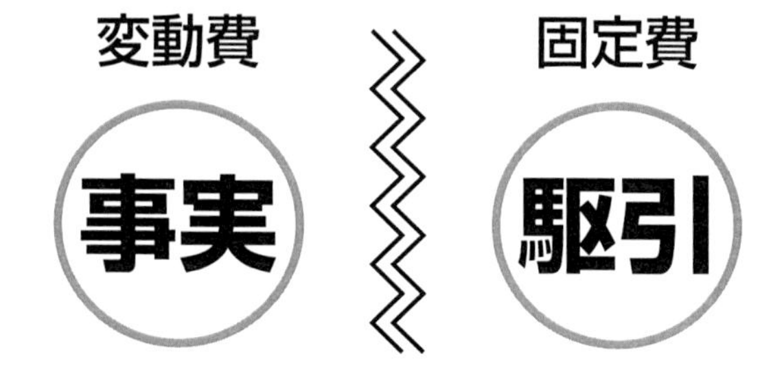

ポイントBOX
①不適切な固定費の取り扱いが、製造業の矛盾の原因
②固定費と変動費を正しく分離すれば、製造業は元気になる

53 逃げ回る固定費を捕まえろ！

これからは全員がホワイトカラー

管理会計が固定費を一元管理する理由

製造部門／非製造部門を問わず全員で新しい価値を創り出していく時代になりました。しかし製造部門の人材（ヒト）を一般管理部門と一体管理すべきだという話をすると、**「そんなことでは製造部門が遊んでしまう！」**というご指摘もしばしばいただきます。そんな時、私は心の底からぞっとするのですが、その理由がおわかりでしょうか？

こうしたご指摘を下さるのは主に一般管理部門のホワイトカラーの方なのですが、このロジックでは**「私は遊んでいます！」**と宣言しているに等しいと感じるからです。そして、やはり製造部門は叩かれ続けているらしいという現実も垣間見えます。日本のモノづくりは優れた現場力によって支えられてきたと言われます。しかし今やすっかり現場は疲弊し、カイゼンを推進する人材も失われてしまいました。カイゼンすればするほど現場が叩かれ人材を失う日本型のモノづくりは、今、深刻な自己矛盾に陥っているようです。

固定費はバラバラにせず発生単位で生産性を管理する

主要国の中でも、日本の労働の生産性はそれほど高くないと言われます（左上図）。それもその筈、実は今までホワイトカラーの生産性を問う適切な指標がありませんでした（！）**問われないものは良くなりません。**一方的に叩かれる製造部門の陰で、非製造部門はきちんと生産性を問われてこなかったのです。ホワイトカラー（ここでは固定給の労務費を背負った方々の意）の生産性を管理するためには、①労務費の全体と、②その労務費が生み出した付加価値の両方を明らかにしなければなりません。労務費をバラバラにして配賦すると全体が見えず生産性の管理が困難になるからです。ところが財務会計においては、固定費は配賦計算を通じて、①販売費および一般管理費／②売上原価／③期末在庫の間を逃げ回り全貌が捉えられません。

これを**固定費の逃げ回りと呼びます。**これでは生産性が管理できないため、管理会計は固定費の配賦を行わず一元管理して生産性を問うのです（左下図）。

就業者ひとり当たり付加価値

1	カタール	14	オーストリア	27	ギリシャ
2	ブルネイ	15	オランダ	28	アイスランド
3	クウェート	16	フランス	29	オマーン
4	サウジアラビア	17	イタリア	30	イスラエル
5	ルクセンブルク	18	デンマーク	31	ニュージランド
6	シンガポール	19	ドイツ	32	日本
7	ノルウェー	20	オーストラリア	33	スロベニア
8	アイルランド	21	スウェーデン	34	ポルトガル
9	米国	22	フィンランド	35	チェコ
10	スイス	23	スペイン	36	トリニダート・トバゴ
11	ベルギー	24	カナダ	37	韓国
12	香港	25	バーレーン	38	スロバキア
13	アラブ首長国連邦	26	イギリス	39	ポーランド

固定費の逃げ場はない（管理会計）

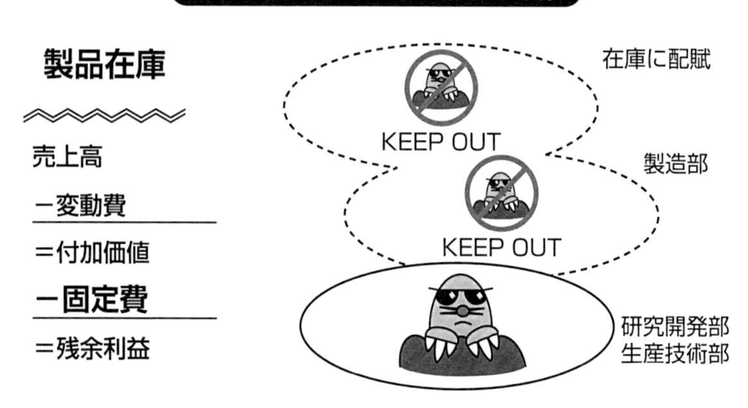

固定費の全体が見渡せるので、生産性の改善に取り組める

column

価値の創造のヒント、隣の人は何する人ぞ？

厳しい経済環境の下、「全員参加で頑張る」とは言いながら、上司や同僚が何を目指して頑張っているのかわからないという状況にしばしば遭遇します。これではお互いに助け合えませんし、自分自身の目標管理にも甘えが出てしまいます。そこで、例えば内線番号簿に今年の取り組みテーマを記載して相互に公表し合うことをお勧めします。これにより会社の活動を一体化することができ、一定の緊張感の下で一人ひとりが目標達成に向かって成長することができるからです。

内線番号帳（社外秘）

氏名	内線	今年、私が取り組んでいること
コスト戦略部（旧称：生産技術部）		
部長　吉田	0109	経理部と協力し新しい管理会計を会社に導入します
課長　高杉	0211	課のメンバーの付加価値生産性を 10 %向上させます
西郷	0320	コストと付加価値が毎日現場で見える仕組みを作ります
大村	0429	工場内のコストが毎日集計される仕組みを作ります
岩倉	0503	工場の外のコストが毎日集計される仕組みを作ります
木戸	0504	コストの異常な差異の有無が毎日見える仕組みを作ります
大久保	0505	工場内の滞留を無くし、出口までの時間を 40 %短縮します
小松	0717	工場出口からお客様までの納期を 50 %短縮します
伊藤	0811	製品在庫の廃棄ロスを 30 %削減します
江藤	0918	材料在庫の最適化で、材料費を５%削減します
近藤	0923	外注と内作のコスト比較ができる仕組みを作ります
土方	1009	電気代の配賦の仕組みを作ります
榎本	1103	販売部門と協力し売上債権の回収管理の仕組みを作ります
小栗	1123	IoT に対応するため、内部収益率の仕組みを研究します
坂本	1223	新製品の原価企画に必要なデータベースを整備します

Ⅳ

キャッシュフロー経営

事業は黒字の筈なのに、銀行への支払いが滞って突然倒産…それが黒字倒産です。表面的には手許現金（キャッシュ）の管理の失敗が引き起こす事象ですが、その背景には様々な駆引きや見かけを良くするための調整で歪んでしまった財務会計のP/Lの姿があります。そうしたP/Lに見切りをつけ、事実としてのキャッシュの増減を見て経営判断していこうとする考え方がキャッシュフロー経営です。
実は、この①キャッシュの増減と ②管理会計のP/Lにおける残余利益は、実質的にかなり近いものです。なぜなら管理会計は、変動費と固定費の分離を徹底することで社内における様々な駆引きや不適切な調整の影響を取り除き、信頼性の高いP/Lを提供しているからです。そこで、ここではキャッシュフローの考え方を概観することで管理会計への理解を深めていきましょう。

54 黒字倒産とキャッシュフロー経営

財務会計のP／Lが当てにならないので作られたC／F

黒字倒産の原因になってきたP／L

今まで見てきましたように、100年の歴史と様々な利害調整を経て財務会計のP／Lはすっかり使い勝手の悪いものになってしまいました。事業の状況を外部の方々にキレイに見ていただくための会計（財務会計）と、実際に経営上の課題を明確化し内部で手当していくための会計（管理会計）は、本来全く別のものです。それはどちらかが正しい／正しくないという存在ではなく、**共になくてはならない車の両輪**なのです。しかし現実には財務会計だけで経営上の意思決定を行っている事例が大半であり、利益が出ている筈なのに突然会社が倒産するというケースも少なくありません。こうした事態を回避するために財務会計で作られ始めたのがキャッシュフロー計算書（以下C／Fと表記）です。即ち「P／Lの数字がいじくり回されていて当てにならないなら直接キャッシュを見よう。**要するにカネは増えたのか？　減ったのか？**」ということです。C／Fは、財務会計が自らの限界を自覚している証なのかもしれません。

要するにカネは増えたのか？減ったのか？

ただ単にカネが増えたか減ったかを見るためのC／Fは、実は案外と複雑な構造を持っています。会社は儲けたカネをそのまま寝かしておくわけではなく、それを新しい事業活動に次々と投入していきます。そのため手元のキャッシュが増えたか減ったかだけでは判断の指標にならないからです。そこで営業活動によるキャッシュフロー（**左図／A**）、投資活動によるキャッシュフロー（**左図／B**）、財務活動によるキャッシュフロー（**左図／C**）に区分してキャッシュの動きを表示することになっています。

C／Fが複雑に見えてしまうもう一つの理由は、元々分かり難い財務会計のP／Lの利益を修正してC／Fを示す構造になっていることです。結果としてC／Fが敬遠される場合も少なくないようですが、作成の過程に深入りせず、**各キャッシュフローの結果だけを利用**するなら、それなりに有用なツールだとはいえるでしょう。

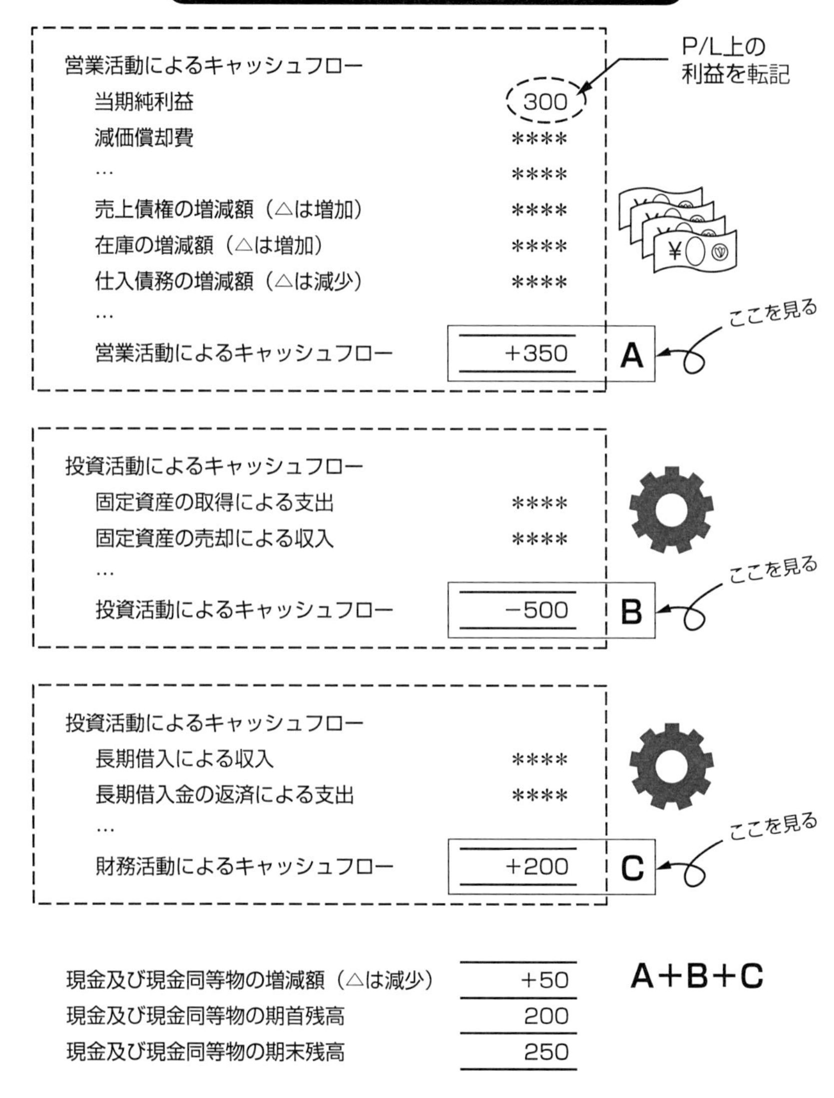

ポイントBOX
①財務会計のP/Lが当てにならないのでC/Fが作られた
②管理会計はC/Fの結果を利用する

55 三つのキャッシュフローの変化に注目！

営業活動の変化、投資活動の変化、財務活動の変化

キャッシュの増減と財務会計のP／Lの利益は一致しない

左上図のC／Fは財務会計のP／Lの利益（300）から出発してA営業活動のキャッシュフローを求め（350）、B投資活動のキャッシュフロー（▲500）やC財務活動のキャッシュフロー（200）を順次調整して最終的なキャッシュの増減（50）を求める構造です。利益とキャッシュの増減が大きく乖離しているため黒字倒産の原因になります。

A 営業活動のキャッシュフローとは何か？

いわゆる「儲け」に関わるキャッシュフローです。B／Sの社内留保（カネ）の増加に関わるものであり、財務会計の営業利益にやや近いのですが、①売り上げがあっても売上債権（見えない在庫）を放置すれば実際にはキャッシュは入ってこない、②固定費を期末在庫に配賦すると本当はキャッシュが出ていっているのにP／L上では費用にならない、逆に③仮定の費用でありキャッシュの動きとは必ずしも同期しない減価償却費が計上されている、などに関する金額修正が行われています。

B 投資活動のキャッシュフローとは何か？

これはB／Sの「モノ」（生産設備など）の取得に関わるキャッシュフローで、会社が行った設備投資の状況を示すものです。工場や機械装置を購入すればC／F上は多額のキャッシュが出ていきますが、あくまでもキャッシュと生産設備の等価交換であるため（つまり損も得もしていないということ）P／Lには何も現れてこない**「見えない取引」**となります。そのため、生産設備の安易な取得は黒字倒産の原因になりやすく要注意です。

C 財務活動のキャッシュフローとは何か？

B／Sの「カネ」（借入金や資本金）の調達に関わるキャッシュフローです。事業がどんなに赤字でも、カネをどこからか調達し経営資源を維持できれば会社は倒産しません。

財務会計の利益とキャッシュの増減は一致しない

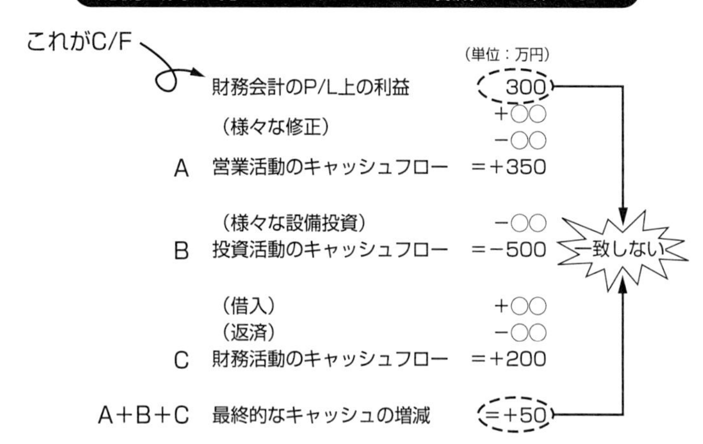

B/S と C/F の対応

(単位：円)

	カネの使い道		カネの調達方法	
現金	**資産の部（現金と在庫）**		**負債の部（在庫借入金）**	
	現金	76,093	買入債務	68,042
在庫	売上債権	143,133	短期借入金	24,373
	製品	14,856	未払金	26,148
	仕掛品	7,513	その他	46,011
	原材料	10,889	（合計）	164,574
	その他	18,011		
B	**資産の部（モノ）**		**負債の部（カネ）**	
	建物	50,809	長期借入金	40,898
	機械装置	7,731	その他	12,509
モノ	工具および備品	6,713	（合計）	53,407
	土地	16,830	**純資産の部（カネ）**	
	その他	2,169	資本金など	93,745
	無形固定資産	23,994	社内留保	128,231
	投資その他の資産	61,216	（合計）	221,976
	（使い道 合計）	439,957	（調達 合計）	439,957

ポイントBOX

①C/F に現れて P/L には現れない「見えない取引」がある
②三つのキャッシュフローは B/S の各部分の増減と関連がある

伸びる会社、危ない会社

キャッシュフロー計算書に表れる会社の成長／不成長

C／Fを使ってみよう！

会計的に見れば「会社の成長」＝「B／Sの成長」です。そしてB／Sがどのように成長しているか／いないかは前回の三つのキャッシュフローの増減とモノの動きのかかわりを見ればわかります。ともすれば敬遠されがちなC／Fですが、実際に少し使って感じを掴んでみましょう。

1. **成長型**：最も順調なキャッシュフローの姿は、①営業活動のキャッシュフローが大きくプラス（儲かっている）、②財務活動のキャッシュフローがプラス（お金を新たに調達している）で、③投資活動のキャシュフローは大きくマイナス（設備投資している）になっている状態です。B／Sの「カネ」（借入金と純資産）が増え、反対側の「モノ」も増えて**会社が活発に成長する姿**です。

2. **成熟型**：成長にやや陰りが見えるキャッシュフローの姿は、財務活動のキャッシュフローがマイナス（お金を返している）に転じています。仮に財務会計上は事業が黒字でも**WACCが達成できなかった場合**、一部の資金提供者（銀行や株主）が資金（カネ）を引き揚げてしまうからです。その結果、会社の成長は鈍化することになります。

3. **切売型**：業績が更に悪化すると、借入金の借り換えが困難となって急速な返済を要求されることがあります。**返済のためにモノを切り売り**しなければならない状況に陥れば投資活動のキャッシュフローがプラスになってしまうかもしれません。会社が新たなチャレンジのための変革に取り組み、余分なモノの処分を行うことは不健全ではありません。しかしそれが何年間も続くとB／Sの「モノ」（生産設備や建物や土地）と、反対側の「カネ」（借入金と純資産）が同時に減少し、会社は衰退に向かっていると判断されるでしょう。

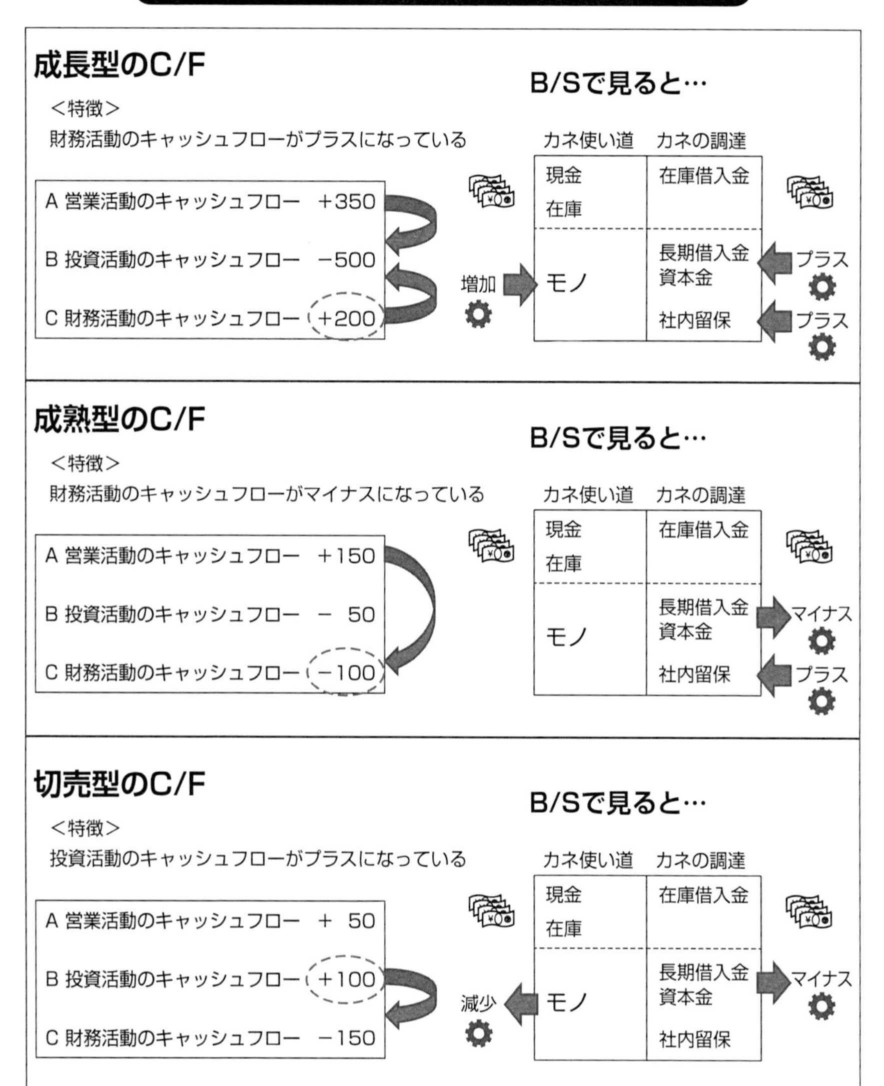

①会社の成長はB/Sの成長でもある
②B/Sの変化の方向性がC/Fに表れる

見えない取引に注意せよ！

これが黒字倒産の原因！
キャッシュ危険な取引

キャッシュ危険、四つのケース

財務会計のＰ／Ｌだけを見ていたのではキャッシュフローの危険な変化を見落としてしまう取引が「キャッシュ危険な取引」です。以下の四つのケースが代表的です。

①固定費の配賦：固定費を製品に配賦し、その製品が在庫になる場合、既にキャッシュが出ていっているのにＰ／Ｌには費用が計上されないため、キャッシュ危険な状態となります。対策は製品在庫（罪子）に固定費の配賦を行わないことです。

②在庫の長期死蔵：固定費であるか変動費であるかを問わず、多額の費用をかけた製品在庫を長期死蔵する場合、既にキャッシュが出て行っているのにＰ／Ｌには費用が計上されないためキャッシュ危険な状態となります。対策は死蔵品になりやすい製品在庫（罪子）を重点管理して減らしていくことです。

③売上債権の放置：製品が販売されればＰ／Ｌに売上高が計上されます。しかし通常は売上高に見合うキャッシュがすぐに会社に入る訳ではなく、いったんは売上債権（売掛金や受取手形）を受け取った上で、一定期間後にキャッシュが入ってくることになります。ですから長期に渡って売上債権を放置すればキャッシュ危険な状態となります。そこで売上債権も在庫の一種（見えない在庫）であると考え、残高管理を徹底します。

④生産設備の取得：生産設備を取得した場合、実際にはキャッシュが出ていっているにも拘らずＰ／Ｌには費用は計上されません。これはキャッシュと生産設備を等価交換したと考え損も得もしていないと見做されるためです。既にキャッシュが出ていっているのにＰ／Ｌ上の減価償却費の計上は通常はゆっくり行われるため、キャッシュ危険な状態となります。対策は適切な設備投資の管理と即時償却です。

キャッシュ危険な四つの取引と対策

①固定費の在庫への配賦

	今	将来
C/F	キャッシュが出て行く	
B/S	在庫になる	
P/L	（何も見えない）	売上原価、または廃棄損になる

対策：固定費を配賦しない

キャッシュ危険

②在庫の長期死蔵

	今	将来
C/F	キャッシュが出て行く	
B/S	在庫になる	
P/L	（何も見えない）	廃棄損になる

対策：材料在庫と製品在庫のけじめ

キャッシュ危険

③見えない在庫（売上債権）の放置

	今	将来
P/L	売上を計上	
B/S	売上債権になる	
C/F	（キャッシュが入ってこない）	キャッシュが入ってくる

対策：残高管理、年齢管理

キャッシュ危険

④生産設備の取得

	今	将来
C/F	キャッシュが出て行く	
B/S	モノが増える	
P/L	（何も見えない）	減価償却費になる

対策：適切な設備投資と即時償却

キャッシュ危険

①代表的なキャッシュ危険な取引は四つある
②キャッシュ危険を適切に管理すれば、P/L 上の利益はキャッシュの動きに近づく

58

生産設備の取得がキャッシュ危険な理由

減価償却費に見る、キャッシュの動きとP／Lのずれ

最もキャッシュ危険な取引

C／Fのキャッシュの動きと、P／Lの損益の動きが一致しない重要な原因の一つが生産設備（モノ）の取得でした。例えば現在1000万円の生産設備を取得し、4年後に100万円で処分できる場合を考えてみましょう。この時、現時点ではC／Fに1000万円のキャッシュアウト（現金が出ていく）が現れ、4年後には100万円のキャッシュイン（現金が入ってくる）が現れます。しかし生産設備の取得そのものは現金との等価交換であり、損も得もしていないと見做されるため、P／Lには何も現れません。これがP／Lではキャッシュの動きが見えない取引（見えない取引）です。また同時にこれは、**黒字倒産の原因**ともなるキャッシュ危険な取引でもあります。

様々な減価償却

C／Fに現れる現時点のキャッシュアウト（1000万円）と4年後のキャッシュイン（100万円）の影響は、P／Lでは減価償却費として表現されます。財務会計では税法に従って定額法や定率法を用いケースが多いです。どんな方法を選ぶかでP／Lに表現されるタイミングは変わりますが（**左上図**）、減価償却が終わるまではキャッシュ危険な状態が続きます。

他方、管理会計では事業状況に応じて自由に償却方法を選べます。例えば取得時に1000万円の即時償却を行えばC／Fの動きとP／Lの動きを一致させることができます。これによりキャッシュ危険な状態を回避することもできるのです（**左下図**）。

定額法	定率法
900万円÷4年 =225万円	（1年目）：1000×56.2％=562 1000−562=438万円 （2年目）：562×56.2％=316 562−316=246万円 （3年目）：316×56.2％=178 246−178=138万円 （4年目）：178×56.2％=100 178−100=78万円

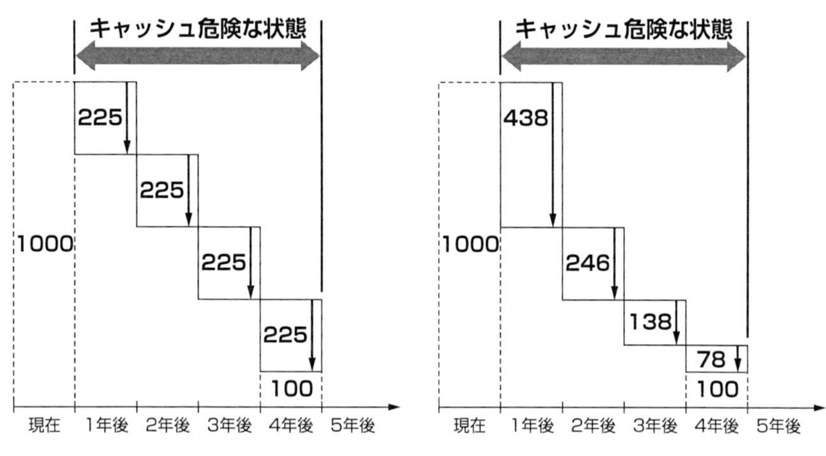

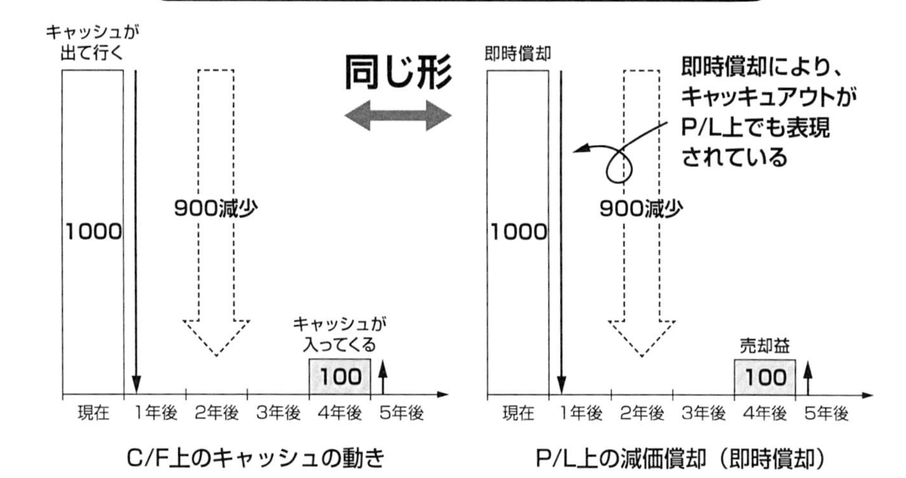

ポイントBOX
①生産設備の取得はキャッシュ危険
②減価償却の選び方で、P/LとC/Fの差を小さくできる

59

低成長になったら、生産設備の取得は慎重に！

「お金が寝る」は在庫どころの話じゃない

小さな会社の設立のようなもの

今回のテーマは設備投資です。昔は右肩上がりの経済だったので粗雑な計画でもやってしまえばなんとかなりました。しかし今日では誤った設備投資は会社にとって大きな負担となり致命傷になります。キャッシュ危険な取引であり**「お金が寝る」**というリスクは在庫どころではないからです。

ところで、会社が資金（カネ）を調達して設備投資し、プロジェクトを通じて資金を銀行や株主に返済していく…その過程はまさに会社の設立・運営の縮図であり、**製造業の基本中の基本です！**　ここでは少しゆっくり設備投資について検討し、会社の活動の本質について理解することにしましょう。

割引計算の基礎

今、銀行から２０１７万円を借り入れて3年後に返済するとします。この銀行借入の金利が5％なら、3年後に返済しなければならない金額は２３３５万円となります（**左上図**）。これは元本に１０５％を3回かけて求める複利計算です（2017万円×105％×105％×105％）。逆に、銀行借入の金利が5％で、3年後に２０２０万円の返済を行わなければならないと決まっている時、今借り入れた金額は１７４５万円だったはずです（2020万円÷105％÷105％÷105％）。このように将来の返済額から、今借り入れる元手を逆算する計算を割引計算と呼びます。

カネの計画の基礎（左下図）

ある会社が銀行からお金を借りて設備投資しようとしています。金利は5％で、借入金はプロジェクトで運用され3年後に２０２０万円回収できる見込みです。さてこのプロジェクトのために銀行から**借り入れてよい元手は幾らでしょうか？**　答えは割引計算により１７４５万円（＝2020万円÷105％÷105％÷105％）です。なぜなら１７４５万円より少ない額なら3年後の２０２０万円により元本と金利を完済できるからです。

割引計算の基礎

現在	1年後	2年後	3年後
調達 **2017万円**	（運用中）	（運用中）	元本　2017万円 利子　？？ 万円 返済　？？ 万円

＊3年後の返済額　　　：2017万円×105%×105%×105%＝2335万円
＊返済額に含まれる利子：2335万円－2017万円＝318万円

現在	1年後	2年後	3年後
調達　？？ 万円	（運用中）	（運用中）	元本　？？ 万円 利子　？？ 万円 **返済2020万円**

＊元本：2020万円÷105%÷105%÷105%＝1745万円
＊利子：2020万円－1745万円＝275万円

カネの計画の基礎

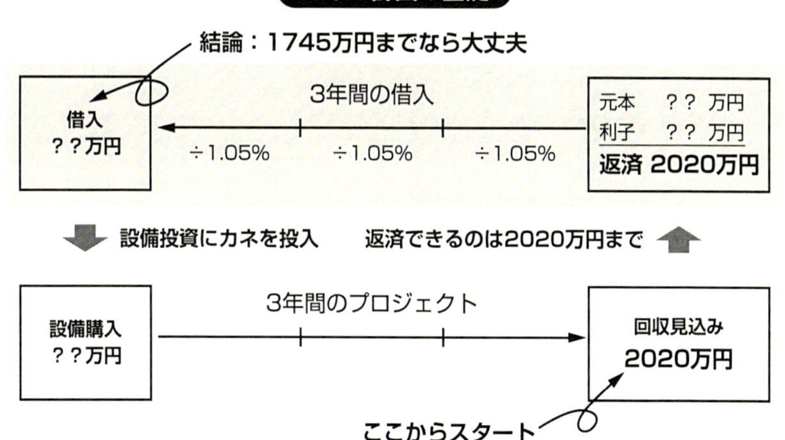

①設備投資は会社の設立と運営の縮図でもある
②将来の返済額から、現在の元手を求めるのが割引計算

正味現在価値って何だ？

設備投資と割引計算

設備投資計算の基礎

設備投資計画の評価は、大きく見て以下の四つのSTEPで実施されます。

STEP1：付加価値の計画

今、新製品「あさひ」の市場投入で、毎年2020万円の付加価値（＝売上高－全てのコスト）が新たに獲得できると見込まれています。ただし近年はモデルチェンジが頻繁で**製品ライフサイクルが短くなっている**ため3年で販売を打ち切らなければなりません

STEP2：カネの計画

会社は銀行借入と株主から調達した資金で計画を賄います。平均金利（WACC）は5％でした。5％で割引計算すると**今借入れてよいカネ**は5500万円と求まりました

STEP3：モノの計画

今般、「あさひ」の計画を実現できると見込まれる装置の候補は東京製作所の機械装置A（5490万円）です。同社の最新モデル・機械装置B（5610万円）も魅力的ですが、安価で堅牢な大連公司の機械装置C（5300万円）もリサーチにかかりました。

STEP4：正味現在価値による選択

投入可能なカネ（5500万円）と実際に必要なカネの差額を**正味現在価値**と呼びます。機械装置Aを選ぶとプロジェクトの正味現在価値は10万円、機械装置Cを選ぶとプロジェクトの正味現在価値は200万円となり、機械装置Cを選んだ方が有利であることが会計的に判断できます。残念ながら機械装置Bは予算オーバーです。

機械装置A：購入価格5490万円　…正味現在価値10万円

機械装置C：購入価格5300万円　…正味現在価値200万円

設備投資計算の基礎

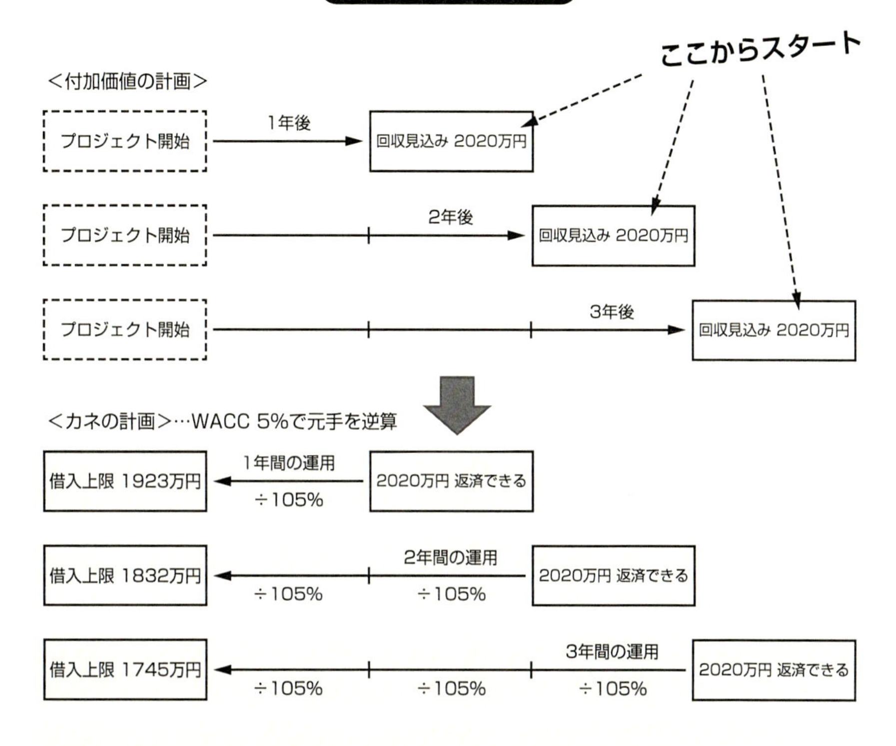

借り入れてよいカネの上限額 5500万円（＝1923万円＋1832万円＋1745万円）

<モノの計画>

機械装置A	5490万円 ＜ 5500万円	実行すれば、正味現在価値	10万円…2位
機械装置B	5610万円 ＜ 5500万円	実行すれば、正味現在価値	▲110万円…実行しない
機械装置C	5300万円 ＜ 5500万円	実行すれば、正味現在価値	200万円…1位

ポイントBOX

①将来回収できるカネの見積もりから計画を始める
②返済可能なカネと、実行に必要なカネの差が正味現在価値

61 設備投資計画、WACCは資金提供者への約束

カンではなくカネで設備投資を評価する

表形式に慣れよう

前回の事例を表形式で整理しておきましょう。会社は新製品「あさひ」の市場投入を計画しています。売上高は1年後、2年後、3年後ともに4490万円、コストは2470万円と見積もられています。従って3年間で回収できる付加価値は毎年2020万円と見込まれていました。

会社のWACCは5%です。そこで、毎年回収できると見込まれる付加価値から逆算し、現時点でこの計画に投入可能な元本を割引計算によって求めることにします。

1年後の2020万円に対する元本：
2020÷105%＝1923万円
2年後の2020万円に対する元本：
2020÷105%÷105%＝1823万円
3年後の2020万円に対する元本：
2020÷105%÷105%÷105%＝1745万円

上記により、この計画に投入可能な元本は5500万円（＝1923万円＋1823万円＋1745万円）と求まりました。この計画を実施するために機械装置A（5490万円）を購入すれば**10万円が手許に残ります。**この状態を、「このプロジェクトの正味現在価値が10万円である」と言います。

同様に、この計画を機械装置C（5300万円）で実行すれば**200万円が手許に残るため、**このプロジェクトの正味現在価値は200万円になります。言うまでもなく10万円よりは200万円の方が有利ですから、検討の結論は機械装置Cの購入です。

機械設備Cの購入を伴うプロジェクトの実行によって、会社全体の価値は200万円高まります。ここで仮に機械装置B（5610万円）を購入してしまうと110万円お金が足りません。従って正味現在価値の視点からは、機械装置Bの購入はあり得ないという判断となるのです。

設備投資計画の立案

付加価値の計画…START！

（単位：万円）

	現在	1年後	2年後	3年後
売上高の見込み額 コストの見込み額	— —	4490 2470	4490 2470	4490 2470
付加価値の見込み額	—	2020	2020	2020

カネの計画

（単位：万円）

	現在	1年後	2年後	3年後
返済できるカネ	—	2020 ↓割引	2020 ↓割引	2020 ↓割引
割引計算で元本に換算	—	1923	1832	1745

計画に投入可能な元本の合計　1923＋1832＋1745＝5500

モノの計画

（単位：万円）

機械装置Aの購入 （5490万円）	正味現在価値 －5490＋5500＝　10	実施可
機械装置Bの購入 （5610万円）	正味現在価値 －5610＋5500＝　▲110	実施不可
機械装置Cの購入 （5300万円）	正味現在価値 －5300＋5500＝　200	実施可

機械装置Cが最も有利…GOAL！

ポイントBOX
①正味現在価値が大きいほど良いプロジェクト
②正味現在価値がマイナスの場合はプロジェクトを実施しない

62 正味現在価値法 VS 回収期間法

WACCを考慮しないと評価が甘くなる

2番目に多く用いられている回収期間法

恐らく、設備投資計画の意思決定において2番目に多く使われている評価方法は回収期間法でしょう（1番目はカンと気合による評価です！）。これは投下する資金と回収できる資金の収支を見比べ、回収資金が投下資金を上回るまでの期間の長さを見るものです。例えば左図の3つのプロジェクトの回収期間は全て3年です。仮に目標とする回収期間が3年以内であったなら全て実施可という評価になります。しかし、**三つのプロジェクトのどれが最も有利か**という順位までは判断できません。

回収期間法と正味現在価値法との比較

回収期間法だけでは順位が判断できないので、前回の正味現在価値法で三つのプロジェクトを比較してみましょう。

プロジェクト1 では毎年400万円のキャッシュインが見込まれていますが、WACC5％を考慮して割引計算しなければなりません。これを初期投資1200万円と比較すると正味現在価値は219万円と求まります。

プロジェクト2 はもう少し詳細な計画になっており、将来の売上減少や保全費の増加を考慮しています。正味現在価値は▲11万円でマイナスです。回収期間法では3年で回収が完了するのに、正味現在価値法では4年経っても正味現在価値がプラスにならない理由は、回収期間法ではWACCの負担を考慮しておらず**評価が甘くなっているため**です。在庫では「お金が寝る」と言われますが、もっと影響の大きい設備投資でお金が寝ることの影響（即ちWACC）が考慮されないのでは全く片手落ちです。

プロジェクト3 は更に複雑で、2年後の装置改造（600万円）、それに伴う付加価値の変化、4年後の設備の売却価格（400万円）、保全費の変化を考慮しています。正味現在価値は393万円で、三つのプロジェクトの中では最大です。従って、もし今1200万円の資金があるなら、プロジェクト3の実行が最も有利だと判断されるでしょう。

設備投資計画の比較

プロジェクト1

（単位：万円）

	現在	1年後	2年後	3年後	4年後	5年後
機械装置の購入	−1200					
付加価値の見込み額	—	400	400	400	400	0
キャッシュの増減	**−1200**	**400**	**400**	**400**	**400**	**0**
割引計算	−1200	381	363	346	329	0

回収期間　：−1200＋400＋400＋400＝0（3年後）
正味現在価値　：−1200＋381＋363＋346＋329＝219

プロジェクト2

（単位：万円）

	現在	1年後	2年後	3年後	4年後	5年後
機械装置の購入	−1200					
付加価値の見込み額	—	650	450	300	250	0
保全員の増加（ヒト）	—	−50	−50	−100	−150	0
キャッシュの増減	**−1200**	**600**	**400**	**200**	**100**	**0**
割引計算	−1200	571	363	173	82	0

回収期間　：−1200＋600＋400＋200＝0（3年後）
正味現在価値　：−1200＋571＋363＋173＋82＝▲11（マイナス）

プロジェクト3

（単位：万円）

	現在	1年後	2年後	3年後	4年後	5年後
機械装置の購入・処分	−1200		−600		400	
付加価値の見込み額	—	850	500	650	300	0
保全員の増加（ヒト）	—	−50	−100	−50	−100	0
キャッシュの増減	**−1200**	**800**	**−200**	**600**	**600**	**0**
割引計算	−1200	762	−181	518	494	0

回収期間　：−1200＋800−200＋600＝0（3年後）
正味現在価値　：−1200＋762−181＋518＋494＝393

①回収期間法はWACCを考慮しないので評価が甘くなる
②正味現在価値法なら、毎年の状況変化を織り込んだ評価ができる

63 会社が続く限り、引き継がれていくカネ

個々のプロジェクトの視点、会社全体の視点

個々のプロジェクトの視点

個々のプロジェクトでは、付加価値計画によって毎年回収できるカネを見積もり、それをWACCで割り引いて、現時点で投入して良い元手を逆算します。**割引計算することがWACC（金利）を考慮すること**です。例えば3年後に231万円の回収が見込まれ、割引計算でその元手が199万円（＝231万円÷105％÷105％÷105％）と求まった場合、231万円と199万円の差額（32万円）がWACC（金利）相当額です。

引き継がれていくカネ

状況を簡単にするため、ここまでは毎年回収されるカネは都度に資金提供者に返済されるという前提で説明をしてきました。しかし現実には、借入金は借り換えを繰り返すでしょうし、株主から預かっている資金も償還されずに運用は継続されていくものと考えられます。こうして社内に留まったカネは次のプロジェクトに**再投資され運用が引き継がれていきます**。つまり今、会社にあるカネ（例えば1000万円）は、WACCが5％なら、1年後に全体として1050万円（＝1000万円×105％）、2年後に1103万円（＝1000万円×105％×105％）と増えていき、5年後には1276万円（＝1000万円×105％×105％×105％×105％×105％）になっていなければならないのです（**左上図**）。これが資金を集めて行う経営の最低限の約束だと言えます。

正味現在価値ゼロのプロジェクト

ある個別プロジェクトの正味現在価値がゼロなら、WACCを達成し資金提供者に対して最低限の約束を果たしたことにはなります。しかし正味現在価値がゼロという状態は、実は**何もしなかったことと等しく**（**左下図**）、これでは何のために事業活動をしたのかわかりません。

ですから、会社は少しでも効率の良い経営によって、1円でも正味現在価値が増えるよう頑張らなければなりません。

個々のプロジェクトの視点

（単位：万円）

	現在	1年後	2年後	3年後	4年後	5年後
1年間の運用	220→	231				
2年間の運用	210→		231			
3年間の運用	199→			231		
4年間の運用	190→				231	
5年間の運用	181→					231
合計	1000					

会社全体の視点

（単位：万円）

	現在	1年後	2年後	3年後	4年後	5年後
1年間の運用	220→	231→				281
2年間の運用	210→		231→			267
3年間の運用	199→			231→		255
4年間の運用	190→				231→	242
5年間の運用	181→					231
合計	1000	1050	1103	1158	1216	1276

×105%　×105%　×105%　×105%　×105%

何もしなかった場合の正味現在価値もゼロ

（単位：万円）

	現在	1年後	2年後	3年後	4年後	5年後
1年間の運用	0→	0				
2年間の運用	0→		0			
3年間の運用	0→			0		
4年間の運用	0→				0	
5年間の運用	0→					0
合計	0					

ポイントBOX

①カネは次次とプロジェクトに投じられ全体でWACCを達成する
②正味現在価値ゼロでは、何もしないのと同じ

64 内部収益率法ＩＲＲを使いこなしていますか？

最もスマートな比較方法

海外で多用されている内部収益率法

　回収期間法と比べると正味現在価値法は優れたプロジェクト評価の方法ですが、**海外でそれ以上に多用**されているのが内部収益率法（ＩＲＲ）です。その仕組みと使い方を概観しておきましょう。正味現在価値法を理解していれば内部収益率法は簡単です！

正味現在価値をゼロにするＷＡＣＣを求める

プロジェクトＡは初期投資１０００万円、毎年のキャッシュの回収が２３１万円、実施期間は5年間の設備投資計画です。ＷＡＣＣ ５％を前提として毎年回収されるキャッシュを割り引き、このプロジェクトＡの正味現在価値を求めるとゼロ万円となります。

プロジェクトＢは初期投資１０００万円、毎年のキャッシュの回収が２３７万円、実施期間は5年間の設備投資計画です。ＷＡＣＣ ５％を前提としてこのプロジェクトＢの正味現在価値を求めると27万円となります。正味現在価値がプラスなので、**もう少しＷＡＣＣが高くても負担できそうです。**試行錯誤的に計算してみるとＷＡＣＣを6％まで引き上げると正味現在価値がゼロ万円になることがわかりました。

プロジェクトＣは初期投資１０００万円、毎年のキャッシュの回収が２４４万円、実施期間は5年間の設備投資計画です。ＷＡＣＣ５％を前提としてこのプロジェクトＣの正味現在価値を求めると56万円となります。先ほどと同様に正味現在価値がゼロになるＷＡＣＣを求めると7％と求まりました。

　この時、プロジェクトＡの内部収益率は5％、プロジェクトＢの内部収益率は6％、プロジェクトＣの内部収益率は7％であると言います。

ＷＡＣＣ ５％ならプロジェクトＡの正味現在価値＝0万円 ⇒ 内部収益率は5％
ＷＡＣＣ ６％ならプロジェクトＢの正味現在価値＝0万円 ⇒ 内部収益率は６％
ＷＡＣＣ ７％ならプロジェクトＣの正味現在価値＝0万円 ⇒ 内部収益率は７％

各プロジェクトの詳細

プロジェクトA（WACC 5％）　（単位：万円）

		現在	1年後	2年後	3年後	4年後	5年後
キャッシュの増減		−1000	231	231	231	231	231
	割引後	−1000	220	210	199	190	181

正味現在価値：−1000＋(220＋210＋199＋190＋181)＝0

プロジェクトB（WACC 5％）　（単位：万円）

		現在	1年後	2年後	3年後	4年後	5年後
キャッシュの増減		−1000	237	237	237	237	237
	割引後	−1000	226	215	205	195	186

正味現在価値：−1000＋(226＋215＋205＋195＋186)＝27

プロジェクトB（WACC 6％）　（単位：万円）

		現在	1年後	2年後	3年後	4年後	5年後
キャッシュの増減		−1000	237	237	237	237	237
	割引後	−1000	224	211	199	188	178

正味現在価値：−1000＋(224＋211＋199＋188＋178)＝0

プロジェクトC（WACC 5％）　（単位：万円）

		現在	1年後	2年後	3年後	4年後	5年後
キャッシュの増減		−1000	244	244	244	244	244
	割引後	−1000	232	221	211	201	191

正味現在価値：−1000＋(232＋221＋211＋201＋191)＝56

プロジェクトC（WACC 7％）　（単位：万円）

		現在	1年後	2年後	3年後	4年後	5年後
キャッシュの増減		−1000	244	244	244	244	244
	割引後	−1000	228	213	199	186	174

正味現在価値：−1000＋(228＋213＋199＋186＋174)＝0

ポイントBOX
①内部収益率法は海外で多用される
②正味現在価値がゼロになるWACCが内部収益率

65 これを知らなきゃ世界と戦えない！

エクセルなら
ＩＲＲの計算は簡単

どのプロジェクトが最も有利か？

正味現在価値法では、正味現在価値が大きいほど有利と判断されます。しかし例えば**左上図**のように正味現在価値が全て同額（400万円）のプロジェクトⅠ～Ⅳがあった場合、どう優先順位を判断したらよいでしょうか？　仮に正味現在価値が同じなら初期投資が小さくてすむプロジェクトⅠ（1000万円）の方がプロジェクトⅡ（2000万円）よりは有利でしょうし、初期投資が同じなら実施期間が短いプロジェクトⅢ（3年）の方がプロジェクトⅡ（5年）より有利な筈です。でも初期投資も実施期間も異なるプロジェクトⅣの場合はこうした**直観的な判断ができません。**こんな時、内部収益率法による評価が威力を発揮するのです。内部収益率が大きいほど有利なプロジェクトです。

内部収益率の計算方法

計算シートを作ってＷＡＣＣを順次変更し、試行錯誤的に求めることも可能ですが、エクセルであれば**ＩＲＲ関数を活用すれば便利**です。ＩＲＲ関数のカッコの中には、現在、1年後、2年後、3年後…のキャッシュの増減を示すセルを直接指定します。この方法でプロジェクトⅠ～Ⅳの内部収益率（ＩＲＲ）を求めると、以下の通りとなります。

プロジェクト	正味現在価値	内部収益率
プロジェクトⅠ	正味現在価値 400万円	内部収益率 18．4％ →2番目に有利
プロジェクトⅡ	正味現在価値 400万円	内部収益率 11．9％ →4番目に有利
プロジェクトⅢ	正味現在価値 400万円	内部収益率 15．3％ →3番目に有利
プロジェクトⅣ	正味現在価値 400万円	内部収益率 18．6％ →1番目に有利

これで最も有利なプロジェクトはⅣだとわかります。また、先程の直観（プロジェクトⅠの方がプロジェクトⅡより有利、プロジェクトⅢの方がプロジェクトⅡより有利）とも矛盾しない結果になりました。

どのプロジェクトが最も有利か？

	初期投資	事業期間	WACC	正味現在価値
プロジェクトⅠ	1000万円	5年	5％	400万円
プロジェクトⅡ	2000万円	5年	5％	400万円
プロジェクトⅢ	2000万円	3年	5％	400万円
プロジェクトⅣ	1200万円	4年	5％	400万円

（正味現在価値は）全て同額

各プロジェクトの内部収益率

（単位：万円）

プロジェクトⅠ	現在	1年後	2年後	3年後	4年後	5年後
キャッシュの増減	−1000	323	323	323	323	323
割引後	−1000	308	293	279	266	254

正味現在価値：−1000＋(308＋293＋279＋266＋254)＝400
内部収益率　：IRR＝18.4％

プロジェクトⅡ	現在	1年後	2年後	3年後	4年後	5年後
キャッシュの増減	−2000	554	554	554	554	554
割引後	−2000	528	503	479	456	434

正味現在価値：−2000＋(528＋503＋479＋456＋434)＝400
内部収益率　：IRR＝11.9％

プロジェクトⅢ	現在	1年後	2年後	3年後	4年後	5年後
キャッシュの増減	−2000	881	881	881		
割引後	−2000	839	799	762		

正味現在価値：−2000＋(839＋799＋762)＝400
内部収益率　：IRR＝15.3％

プロジェクトⅣ	現在	1年後	2年後	3年後	4年後	5年後
キャッシュの増減	−1200	451	451	451	451	
割引後	−1200	430	409	390	371	

正味現在価値：−1000＋(430＋409＋390＋371)＝400
内部収益率　：IRR＝18.6％

ポイントBOX

①正味現在価値が同じプロジェクトも、内部収益率で比較できる
②内部収益率を求めるにはエクセルのIRR関数が便利

66

例えばエアコンをIoTで提供すると何が起こるか？

IoTの会計、コストと売価の新戦略

製品だけではなく、サービス全体で価値を創る

IoTの時代には「モノ売り」から「コト売り」へのパラダイムシフトが進むと言われます。例えばエアコンの場合、お客様にはエアコンという機械ではなく快適な温度の空気を最適の利便性で届けなければなりません。この時、**原価や売価の概念が変わります**。ここではエアコンを貸与し、インターネットを介して使用状況をモニタリングして使用時間に応じた課金をするというIoT契約を考えてみましょう。契約期間は2年、お客様はエアコンそのものを購入する必要がなく、季節に応じて使った分だけ使用料を払えば済みます（1時間2円！）。更にインターネットを通じ故障サポートも受けられます。リサーチの結果、お客様が平均的に支払う料金は次のように見積もられました。

> 基本契約料は月250円（年3000円）、従量分との合計で年16000円と想定。
> 使用時間に応じた従量分の想定は、夏冬6ヶ月→月1500円、春秋4ヶ月→月1000円、残り2ヶ月→月0円

会社は**内部収益率（IRR）の概念を駆使してIoT契約を設計**します。エアコンの提供コストは31000円、1年目のオペレーション・コストは月50円（年600円）、2年目は故障の増加で月75円（年900円）と見積もられていますが、計算するとIRRは−1%となってしまいました（ケース1）。会社の目標はIRR10%だったので、まずは製品のコストダウンを検討してみます。その結果、提供コストが26500円ならIRRは10%となり目標達成できますが、どうやらこの**コストダウンには現実性がなさそう**です（ケース2）。そこで発想を変え、24時間の故障サポートをオプション提供し契約の価値を高めることにしました。承諾下さったお客様は追加料金（1時間0・34円→1年なら3000円）を払います。これでオペレーション・コストは2倍になりますがIRRはまだ8・5%までしか回復しません（ケース3）。そこで更に契約時の翌日配送を1000円のオプションで承ることにしました。追加コストは400円、IRRは10%達成です！（ケース4）。

収支だけでは分からない…IRRで価値を取りに行く！

ケース1

（単位）

	契約時	1年目	2年目
製品の提供コスト（現状）	−31000	—	—
基本契約の価値 基本契約のオペレーション・コスト	— —	16000 −600	16000 −900
キャッシュの増減	−31000	15400	15100

全体の収支
−500円
IRR
−1％

ケース2

（単位）

	契約時	1年目	2年目
製品の提供コスト（コストダウン）	−26500	—	—
基本契約の価値 基本契約のオペレーション・コスト	— —	16000 −600	16000 −900
キャッシュの増減	−26500	15400	15100

ケース3

（単位）

	契約時	1年目	2年目
製品の提供コスト（現状）	−31000	—	—
基本契約の価値 基本契約のオペレーション・コスト	— —	16000 −600	16000 −900
24時間サポート価値 24時間のオペレーション・コスト	— —	3000 −600	3000 −900
キャッシュの増減	−31000	17800	17200

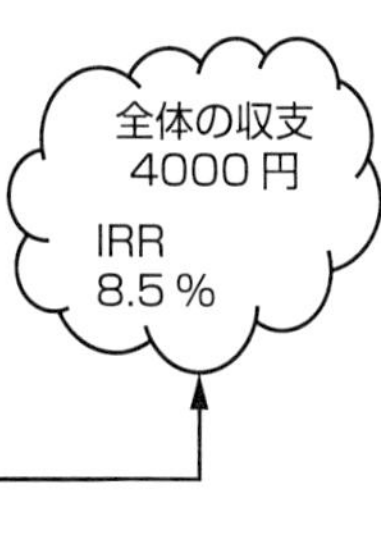

ケース4

（単位）

	契約時	1年目	2年目
製品の提供コスト（現状）	−31000	—	—
基本契約の価値 基本契約のオペレーション・コスト	— —	16000 −600	16000 −900
24時間サポート価値 24時間のオペレーション・コスト	— —	3000 −600	3000 −900
翌日配送の価値 翌日配送のコスト	1000 −400	— —	— —
キャッシュの増減	−30400	17800	17200

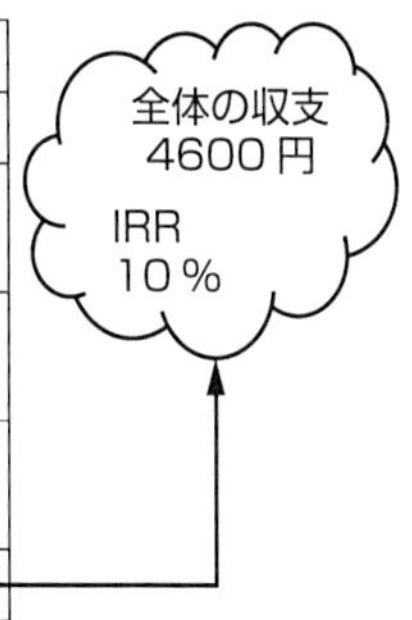

ポイントBOX
① IoTは、例えば小さな設備投資プロジェクトのようなもの
② IoTの時代になれば、会計リテラシーが更に重要になる

目標なければ進歩なし！研究開発費も野放しにしない

設備投資プロジェクトと同様にできるヒト・モノ・カネの管理

研究開発プロジェクトの内部収益率（IRR）

ここまで、設備投資プロジェクトをイメージした内部収益率（IRR）の検討を行ってきましたが、同様の考え方で製造業の真の価値源泉である研究開発の管理を行うこともできます。左に二つのタイプの研究開発計画を示しました。

プロジェクト「日の出」では、早期に資金を投入し、新製品を早期に市場投入することで付加価値を各実に獲得しようとしています。他方、プロジェクト「夕焼け」は、直近は慎重に研究開発を進め、リスクの見極めができた時点で順次展開する計画です。共に内部収益率（IRR）の目標は30％で、この会社のWACC（5％）を大幅に超える設定です。これは失敗する可能性もある**研究開発活動のリスク管理**のためです。

時間との闘い

今日では全ての活動が時間との闘いです。研究開発にもベンチマークを設定して**スケジュール管理を徹底**しなければなりません。代表的なベンチマークは基礎研究の完了、製品設計の完了、試作の完了、量産試作の完了、生産開始、黒字化などです。

目標を持たなければ成長はない

研究開発は製造業者の真の競争力を支える極めて重要な活動ですが、それを金額管理することに違和感がある方もいるかもしれません。曰く、「技術はお金じゃ測れない！」活動内容が外部者にはわかりにくいこともあり、**研究開発が聖域**になっているケースは多々あります。しかし製造部門やサプライチェーンで毎日の精緻な管理を行っても、価値源泉である研究開発の管理がずさんでは元も子もありません。研究開発は外部からの技術成果の導入であるケースも少なくなく、その場合には特にスケジュールとIRRの管理が重要です。1日も早く成果を形にしなければなりません。目標のない活動には緊張感がなく成果も出ません。**目標あればこそ**達成のための真剣な努力があり、反省があり、成長があります。

プロジェクト「日の出」

（単位：億円）

未来への投資

	現在	1年後	2年後	3年後	4年後	5年後
付加価値の見込み		3	8	17	15	7
研究開発費（ヒト）	−2.0	−0.5	−0.1	−0.5	−0.2	
研究開発費（モノ）	−10					
保全費（ヒト）		−0.1	−0.1	−0.1	−0.2	−0.2
生産設備（モノ）		−12				
キャッシュの増減	−12.0	−9.6	7.8	16.9	14.8	6.8

内部収益率

IRR（エクセル上でセルを直接指定）＝30%

プロジェクト「夕焼け」

（単位：億円）

未来への投資

	現在	1年後	2年後	3年後	4年後	5年後
付加価値の見込み		3	6	14	12	9
研究開発費（ヒト）	−0.5	−0.8	−0.5	−0.5	−0.2	−0.1
研究開発費（モノ）	−6	4				
保全費（ヒト）			−0.1	−0.1	−0.1	−0.2
生産設備（モノ）		−5	−5	−2		
キャッシュの増減	−6.5	−6.8	0.4	11.4	11.7	8.7

内部収益率

IRR（エクセル上でセルを直接指定）＝30%

補足）プロジェクト期間が長いことによる不確実性のリスクは、将来の付加価値増加を保守的に見積もることで計画に反映させる。「製品」のみならず「サービス」の在り方も研究する。

ポイントBOX
①難しげに見える研究開発も内部収益率（IRR）で管理できる
②ベンチマークを設定しスケジュール管理も徹底する

68 自動化投資という巨大リスク

自動化を推進するなら管理会計を駆使して慎重に

自動化と管理会計

　自動化投資の成功は生産現場や生産技術部門が立てる設備投資計画の良否にかかっています。ところが財務会計では、売上原価と販売費および一般管理費の区分が曖昧なため**固定費の逃げ回り**が起こります。仮に自動化によって現場の人員が減ると見積もられても、技術者や保全員が増えることを見逃しているかもしれません（**左上図**）。自動化のメリットとデメリットを公正に評価するためには、正しい管理会計で**変動費と固定費の全体**を把握し、それぞれの変化を漏れなく見積もる必要があります。

自動化しても付加価値は増えない？

　右肩上がりの時代には拙速でも実行することが正しい選択でした。しかし低成長時代の設備投資の失敗は事業の致命傷になります。自動化が製品の付加価値を直接増やす訳ではありません。むしろ新製品の生産が制約されて付加価値が下がってしまうケースもあります。膨大な減価償却費を薄めようとする社内の都合により、特定の製品の余剰な在庫を積み上げてしまう動機にもなります（**左下図**）。しかしこれらはお客様に背を向ける行為です。逆に自動化が**真にお客様を起点に発想され**、品質向上や超短納期などに貢献するのであれば付加価値を増やすケースもあるでしょう。

イノベーションから逃げる口実になっていないか？

　「とりあえずやっておけば叱られない…」そんな自動化が多いと感じます。従来事業の延長であればコストダウンを発想しやすく、自動化によるコストダウンなら更に発想は容易です。しかし自動化によって現状を固定するということは「**私達は新製品を作りません。**」と宣言するに等しいとも言えます。**イノベーションもやりません。**そんな後ろ向きの自動化に埋没すれば私達は負け犬になってしまいます。自動化が、今向き合うべきイノベーションから逃避する口実になっていないかを慎重に再点検する必要があります。

自動化に多く見られる失敗（財務会計）

<計画時のモグラ叩き>

製品在庫

売上高
ー売上原価
＝粗利
ー販売費および一般管理費
＝営業利益

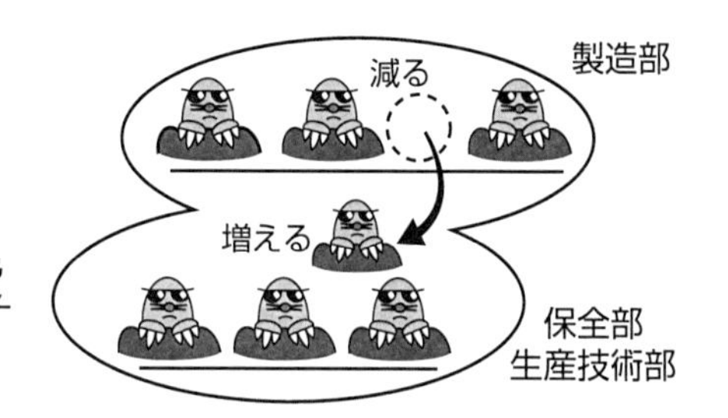

費用の全容が見渡せず、技術員や保全員の増加を見逃してしまう

<計画実施後のモグラ叩き>

製品在庫

売上高
ー売上原価
＝粗利
ー販売費および一般管理費
＝営業利益

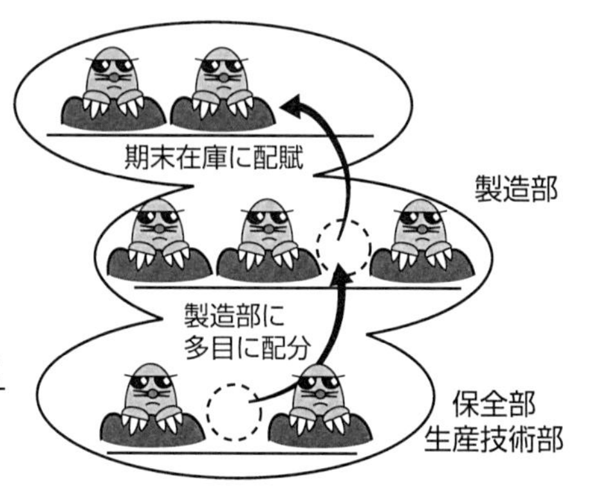

重い設備投資を薄めるため、過剰生産で余剰な在庫を積み上げてしまう

ポイントBOX
①財務会計では自動化の効果が正しく評価できない
②イノベーションに向き合わない口実になることがある

製造業を目指すのか？投資業を目指すのか？

もし投資業を目指すなら、会計リテラシーは必須

自動化とＷＡＣＣ

前回、安易な自動化プロジェクトについて注意喚起して参りました。とはいえ、サプライチェーンにおける「作る」という活動を自動化していく潮流はいよいよ不可避なのかもしれません。それはもはやモノづくりの競争ではなく、**資金力と会計リテラシーの競争**になることを覚悟しなければならないでしょう。

どのくらいのＷＡＣＣを背負って資金を調達し、いつどのくらいの資金を投下して、どのくらいの資金をどんなタイミングで回収するのか？　ＷＡＣＣを考慮しないと評価は甘くなります。会計的に見れば自動化投資は極めてハイリスクな活動です。「お金が寝る」ということの影響は在庫をはるかに上回ります。

これから自動化計画を立てる方は、内部利益率（ＩＲＲ）や正味現在価値を理解し、様々な視点からプロジェクトの効果を公正に評価してみてください。

自動化の先に待っていたもの

今から30年前、ある製品は世界的に極めて高いシェアを誇っていました。**「今さら特にやるべき課題もない」**との認識で会社は総力を挙げて工場の自動化に取り組む決定をします。しかし実際に巨大な自動化工場を建設してみるとヒトは減らず、チョコ停は増え、保全は重くなりました。設備の制約で新製品も自由には作れません。

その間、中国や台湾からは**模倣製品が続々と出始めていました**。それらは当初、製品名やロゴやカタログまで真似た稚拙なものでしたが、5年後には彼我の製品の見分けはつかなくなりました。強力なサプライチェーンの構築による納期短縮や関連製品の取り扱いで事業を急速に伸ばし、むしろ模倣者の方がオリジナルのような風情です。しかし、どちらがオリジナルだったかなどお客様にとっては関係のないことでした。

「そうだったのですか…　でも台湾製の方が安いし納期も短い。アフターサービスだってずっとよいのです。」

いつしか私達は負け犬になっていました。

自動化を目指すリスク

自動化を目指すリスク

- ✔ 自動化投資は何年間もやり直しの利かない超固定費（お金が寝る）
- ✔ 時間が経てば故障が増え、保全費がかかる（vs ヒトは学習し進化）
- ✔ 複雑な自動機を個別設計すると、割高な設備投資になる
- ✔ 個別設計したものは、転用や転売が困難（簿価では売れない）
- ✔ 何年間も新製品が作れない。既存商品の過剰生産に陥るリスクもある
- ✔ 関係者がイノベーションに向かわない口実にされるケースがある

自動化投資の留意点、製造業から投資業へ

自動化投資の留意点、製造業から投資業へ

1. 社運を賭けるべきテーマの優先順位を、会社全体で話し合ったか？

一般に、生産技術部門や製造部門だけでは付加価値の視点を持ちえません。

2. その自動化投資を行う強みは何か？

競合相手に勝り得る実行速度がありますか？　技術力への過信はありませんか？

3. ネガティブなコストも漏れずに考慮したか？

技術者や保全員の増員などの固定費の漏れや、チョコ停の過小評価に要注意。

4. WACCを考慮に入れたか？

WACCは何%でしたか？正味現在価値や内部収益率は検討しましたか？

ポイントBOX
①自動化は製造業を投資業に変える
②投資業になるなら会計リテラシーは必須

70 P／Lでキャッシュフロー経営をする方法

減価償却費を考慮しないキャッシュフロー、考慮するP／L

キャッシュの計画

キャッシュの計画とP／Lの関係を整理しておきましょう。ある会社で生産設備に設備投資をし、５年間運用するというプロジェクトが検討されています。機械装置の購入価格は１２００万円で、５年後の処分価格は１２０万円と見積もられました。この機械装置を稼働させることにより実現が期待される売上高の増加、コストの増加、付加価値の増加は**左上図**の通りです。売上債権の回収は順調と見込まれていますが、機械装置の老朽化で保全費が年々増加していくと予想されています。総合すると、このプロジェクトのキャッシュの増減は、現在：▲１２００万円、１年後：３１０万円、２年後：４５０万円、３年後３８０万円、４年後２４０万円、５年後３００万円です。この収支からＩＲＲ関数で内部収益率を計算すると13・０％となり、この会社のＷＡＣＣ（５％）を上回りました。また各年のキャッシュの増減をＷＡＣＣ（５％）で割り引くと、正味現在価値は２６３万円でプラスだとわかりました。そこで会社は、このプロジェクトを実施することに決めました。キャッシュの計画で注意しなければならないのは、**減価償却費については考慮しないこと**（実際のキャッシュの出入りではないため）と、ＷＡＣＣを表中で差し引かないこと（割引計算によって織り込まれているため）です。

管理会計のP／L

Ｐ／Ｌが先程のキャッシュの計画と異なるのは、機械装置の購入／処分のキャッシュの動きを考慮しないこと、逆に**減価償却費は考慮しなければならないこと**です。減価償却には定額法・定率法など様々な方法がありますが、どれを採用してもＰ／Ｌとキャッシュの計画は乖離します。そこで管理会計では即時償却を推奨することがあります。例えば**左下図**の減価償却費１２００万円が即時償却による値です。これにより左上図のＰ／Ｌの残余利益とキャッシュの増減を一致させることができました。Ｐ／Ｌの信頼性が高まれば、別途にＣ／Ｆを作る必要もなくなっていくでしょう。

キャッシュの計画

(単位：万円)

	現在	1年後	2年後	3年後	4年後	5年後
機械装置の購入/処分	−1200	0	0	0	0	120
売上高の見込み額	0	900	1250	1150	850	740
コストの見込み額	0	−540	−750	−690	−510	−450
付加価値の見込み額	**0**	**360**	**500**	**460**	**340**	**290**
保全費の増加(ヒト)	0	−50	−50	−80	−100	−110
減価償却費の増加(モノ)	—	—	—	—	—	—
キャッシュの増減	**−1200**	**310**	**450**	**380**	**240**	**300**
割引計算(WACC 5%)	−1200	295	408	328	197	235

考慮する（機械装置の購入/処分）
考慮しない（保全費の増加・減価償却費の増加）

内部収益率　：IRR＝13.0%（>WACC 5%）

正味現在価値：−1200+295+408+328+197+235）=263（>0）

管理会計のP/Lの計画（キャッシュの計画にほぼ等しい）

(単位：万円)

	現在	1年後	2年後	3年後	4年後	5年後
機械装置の購入/処分	—	—	—	—	—	—
売上高の見込み額	0	900	1250	1150	850	740
コストの見込み額	0	−540	−750	−690	−510	−450
付加価値の見込み額	**0**	**360**	**500**	**460**	**340**	**290**
保全費の増加(ヒト)	0	−50	−50	−80	−100	−110
減価償却費の増加(モノ)	−1200	0	0	0	0	0
設備売却益(モノ)	0	0	0	0	0	120
残余利益	**−1200**	**310**	**450**	**380**	**240**	**300**
WACCの増加	0	−60	−45	−22	0	0
最終的な残余利益	−1200	250	405	358	240	300

考慮しない（機械装置の購入/処分）
考慮する（保全費の増加・減価償却費の増加・設備売却益）

（参考）定額法の場合

(単位：万円)

	現在	1年後	2年後	3年後	4年後	5年後
減価償却費の増加(モノ)	0	−216	−216	−216	−216	−216
残余利益	**0**	**94**	**234**	**164**	**24**	**84**

減価償却費：（1200万円−120万円）÷5年＝216万円

ポイントBOX

①キャッシュフローでは減価償却費を考慮しない。P/Lでは考慮する

②即時償却をすれば、P/Lでもキャッシュフロー経営ができる

column

王子経営研究会

今から２年前のある日、少し風変わりな専門家の集団が東京下町の小さな食堂に集いました。会計士、社労士、弁護士、IT 技術者、モノづくりのエンジニア…　一見するとバラバラで全く接点のないこの不思議な集団を結びつけていたのは、一つの共通する信念です。

「ヒトはコストではなく資源である」

昨今、会社の仕事はつまらなくなったと感じます。意義もわからず突きつけられる古めかしいKPI（Key Performance Indicator）に縛られながら、売上を２倍、コストを半分にし、在庫はゼロにして、利益を出さなければなりません。しかし何をやっても「やり尽くした感」があります。部長が言うほど簡単に物事は運ばない…。 でも、なんとか工夫しなければ部長に怒られます。決算が迫っていますから、きっと部長だって必死なのです。

「そうだ、固定費の配賦をいじって利益を出そう。」
「期末日１日だけ倉庫を空にすれば、在庫削減だってアピールできる。」
「へへ、どんなもんだい！　これで今期も KPI 達成だ！　でも…この漠然とした虚しさは、一体どこからくるのだろうか？」
「なんだか、これで会社が良くなる気がしない。社会が明るくなる気もしない…。」

普段はあまり意識されていないことですが、今、会社を動かしている様々な仕組みの骨格は 19 世紀～20 世紀前半にデザインされたものです。明らかにこうした古い仕組みは 21 世紀の情報ネットワーク社会に適合していません。それが様々な不幸な事件を次々と引き起こしているのです。しかし、だからといって表面的な仕組みだけを作り変えても、そこに魂が入らなければ問題は解決しないでしょう。どうやら全ての問題は、たった１つの命題に行きあたります。

「ヒトはどうすれば生き生きと働けるか？」

王子経営研究会は、既存の思考に囚われず、どんな環境でも生き残れる経営を提案できる超専門家ネットワークを目指しています。

V

新しいビジネスモデル編

かつて日本の製造業が今よりもっと輝いていた時代、「作る」という活動には大きな価値がありました。その管理の巧拙が事業を成功させるための鍵だったのです。しかし今日、インターネットの普及やデジタル化で技術は普遍化し、標準化や自動化が進んだモノづくりの管理だけでは価値が生み出せなくなってしまいました。今、「モノづくり（作り）」から「モノ創り」や「コト創り」へのパラダイムシフトが起きています。このパラダイムシフトをサプライチェーンやバリューチェーン全体で成功させるためには、まず会計が変わらなければなりません。会計が変わらなければ、会計で目標管理されている関係者の行動が変わらないからです。

株主利益ゼロは損益分岐点ではなかった！

これでは株価も上がらない…

WACCが表現されない財務会計のP／L

１００年前にデザインされた財務会計は様々な限界に直面しています。①サプライチェーンの分断が１００年前のビジネスモデル（製造部門を叩いて利益を出す）からのパラダイムシフトを遅らせ、新たなビジネスモデルへの挑戦を妨げています。②固定費の全体像が見えないことが、経営資源としてのヒト（ホワイトカラー）の生産性向上を妨げています。③付加価値が表現されないことでビジネスモデルの限界に気づくのが遅れ、事業の再生が手遅れになります。その他にも多くの問題が噴出しています。これでは**私達は実力が発揮できません。**

✔ WACCが表現されない
↓経営目標を低く設定してしまう
✔ 売上原価の内訳が見えない
↓優先すべきコストダウンのターゲットも見えない
✔ 変動費の全体が見えない
↓価値とコストのトレードオフが判断できない
✔ 変動費と固定費の混在
↓会計粉飾の原因となり、何か事実かわからなくなる

しかし、新しい管理会計があれば、これらの問題を無理なく解決することができます。

これでは株価も上がらない…

従来の損益分岐点分析では、株主利益ゼロを損益分岐点とし、それを超えることが最低限の目標とされてきました。これはB／S上の純資産がタダだという誤解に発するものです。しかし利益ゼロではWACC（←株主期待を含むもの）が賄えません。WACCが達成されて初めて**本当の損益分岐点を超える**のです。理論的にはこれで漸く株主の期待通りですから、WACCを更に越える経営を目指さなければ、株価も上昇しません。そこで管理会計ではWACCを明示し、適切な経営目標が設定できるようにしています。

GDPの成長を目指すなら、その基礎になる付加価値が明示され行動目標とされなければなりません。

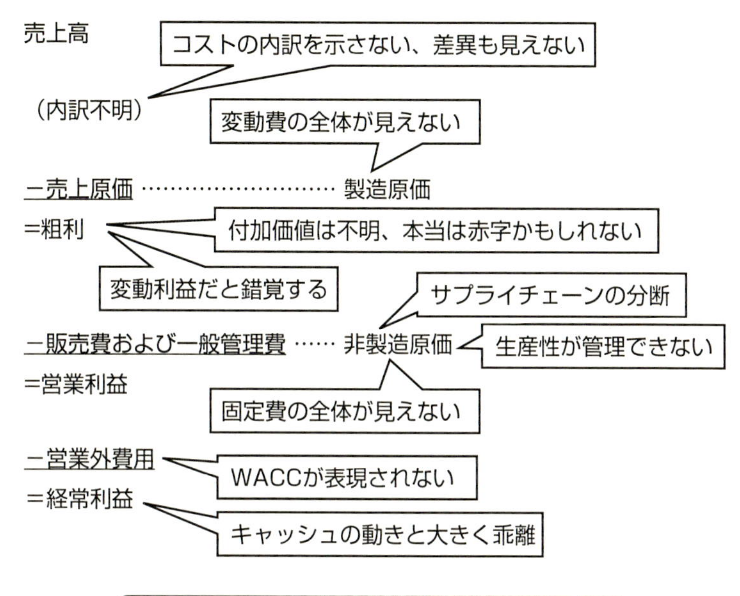

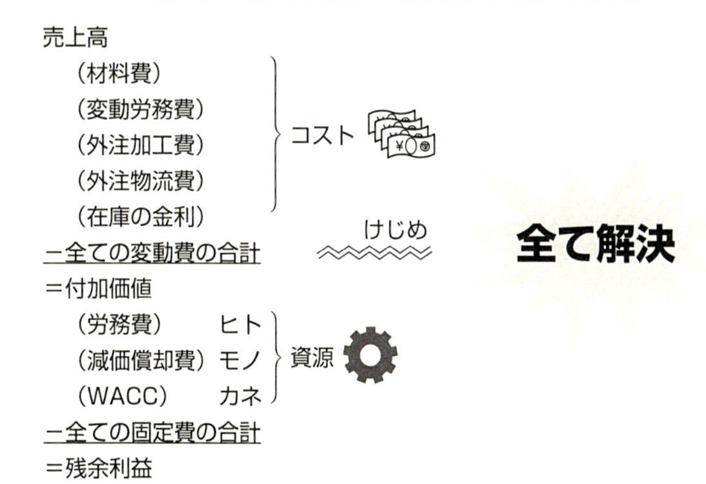

ポイントBOX
①従来の損益分岐点分析はWACCを考慮していなかった
②WACCを目標にしなければ株価も維持できない

今はどうやって運転？ 粉飾よりもはるかに深刻

どう見せるかは大人の世界、でも自分にも見えなかったら？

ある程度の調整は不可避だとしても…

厳しい事業環境の中、なかなか会社の業績は良くなりません。焦燥感に駆られて会計不祥事が繰り返されます。その度に綱紀粛正が叫ばれ、財務監査も厳しさを増す一方です。もちろん度を超えた数値の調整は論外ですが、財務会計が外部の関係者に事業の成果をキレイに見ていただくという使命を有する以上、可能な範囲で**調整された数値を見せたい**と願うのは止むを得ないことでしょう。しかし弄くり回せば弄くり回すほど会計数値は事業の真実から遠ざかってしまいます。

苦しい時こそ本当の数字が必要です。事業活動の実態をありのままに示さない会計では適切な指示が出せません。その結果として会社の業績が更に沈んでしまうという負の連鎖は、**粉飾そのものよりはるかに深刻な問題**なのです。

「とにかく黒字にするのだ！　理屈を言わずに気合で頑張れ！」

正しい数値がない会社は経営できません。管理会計を欠いたマネージメントは、目をつぶって車を運転しているようなものです（左上図）。もし管理会計がなければ、どのようにして日々の経営判断を行い、どのようにして行動を修正していけばよいでしょうか？

事業の直面する課題を明らかにし、その課題に適切に手当していくためには、どうしても管理会計が必要なのです（左下図）。

管理会計は自由な会計

管理会計は法定された会計ではありません。ですからそのデザインは自由です。経理の方々と協力し、会社の**ビジネスモデルに合った管理会計**を作りましょう。管理会計はプライベートな会計ですが、管理会計上の指標を良くする努力は必ず会社の実態を良くします。その結果として、財務会計の指標も必ず良くなる筈です。他方、財務会計上の指標を良くする（良く見せる）努力は、必ずしも会社を良くするとは限りません。

財務会計の現状…何も見えない！

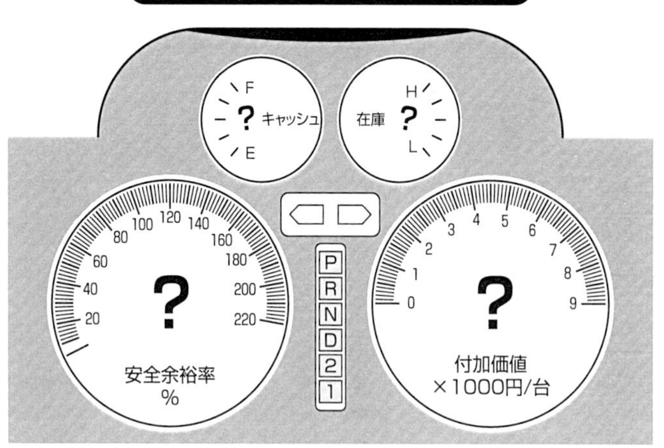

管理会計があれば！

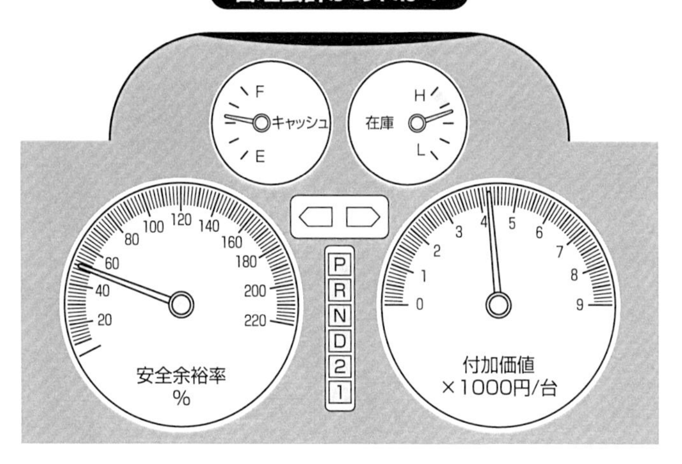

ポイントBOX
①結果をキレイに見せるための会計が財務会計
②結果をしっかり出すための会計が管理会計

目指すのは利益か？付加価値か？

行き止まりのコストダウン、付加価値なら青天井

財務会計の利益、管理会計の付加価値

利益は株主の取り分です。株主から会社の経営を託されている経営の最優先事項はもちろん利益を出すことです。しかし利益だけを目標にしていると、従業員の取り分を減らして株主利益を維持しようとする発想も生まれます（**左上図**）。それでは実際に日々の事業活動を担っている従業員のモチベーションは上がらず人も育ちません。会社の業績は好転せず、**結果的に株主にも損をさせる**ことになります。

そこで管理会計のＰ／Ｌでは付加価値を明示し、まず**関係者共通の目標**として付加価値の最大化を目指します（**左下図**）。獲得された付加価値をそれぞれの経営資源（ヒト・モノ・カネ）にどのように分配するかは、現実に価値が獲得された後の話だからです。ただし価値を分配する際には、各資源の生産性をチェックしなければなりません。生産性が低い資源があれば、生産性を改善するための対策を実施します。生産性が十分に高ければ、更に人材を育て、設備投資も行って事業を成長させていくことになるでしょう。

付加価値は青天井

歴史的経緯や財務会計の構造から、コストダウンの発想に走りがちな製造業です。しかし**無限のコストダウンは困難**であり、いつか必ず行き止まりになる道、デフレスパイラルの道でもあります。それに対して付加価値は青天井です。付加価値は会社が提供する製品やサービスの存在意義を示すものでもあります。ですから付加価値を稼げなくなってしまった会社は、やみくもなコストダウンに邁進する前に、自社が社会に提供する製品やサービスが、今後も引き続き適切なものであるかどうかを慎重に点検しなければなりません。製品やサービスが時代遅れになり、社会から支持されなくなりつつあるのなら、新しいビジネスに向かって勇気ある一歩を踏み出すべき瞬間もあるでしょう。

会社に体力があるうちに！
全てが手遅れになる前に!!

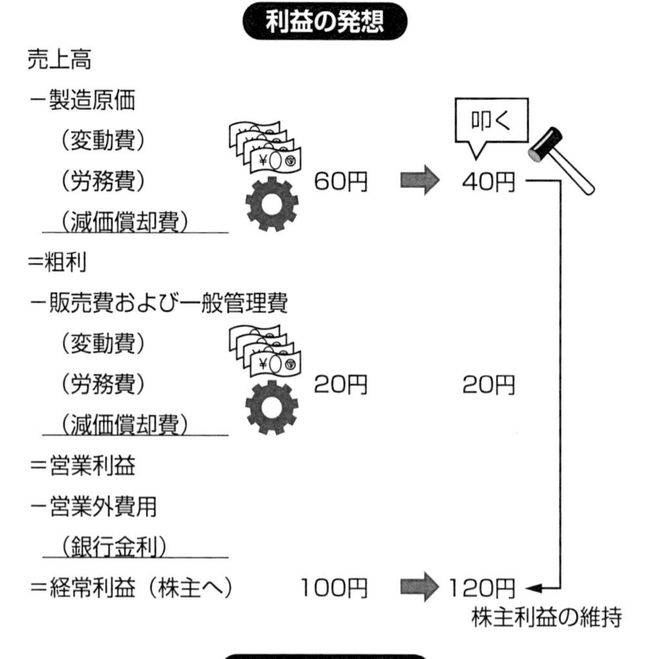
利益の発想
売上高
－製造原価
（変動費）
（労務費）
（減価償却費）
60円
40円
叩く
＝粗利
－販売費および一般管理費
（変動費）
（労務費）
（減価償却費）
20円
20円
＝営業利益
－営業外費用
（銀行金利）
＝経常利益（株主へ）
100円
120円
株主利益の維持

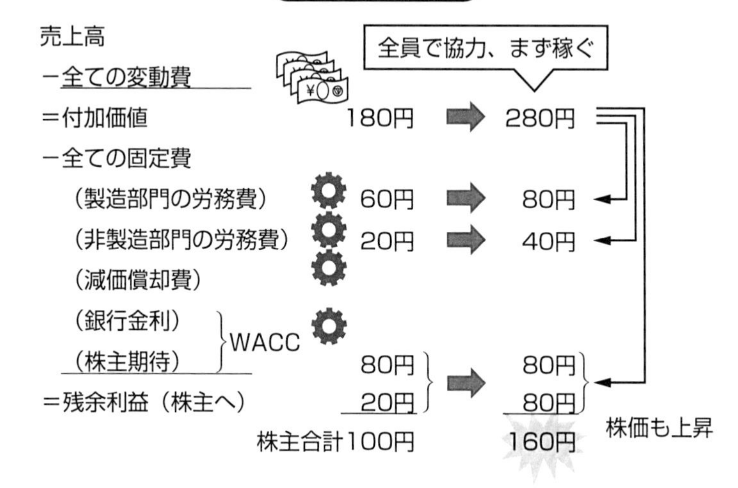
付加価値の発想
売上高
－全ての変動費
全員で協力、まず稼ぐ
＝付加価値
180円
280円
－全ての固定費
（製造部門の労務費）
60円
80円
（非製造部門の労務費）
20円
40円
（減価償却費）
（銀行金利）
（株主期待）
WACC
80円
80円
＝残余利益（株主へ）
20円
80円
株主合計100円
160円
株価も上昇

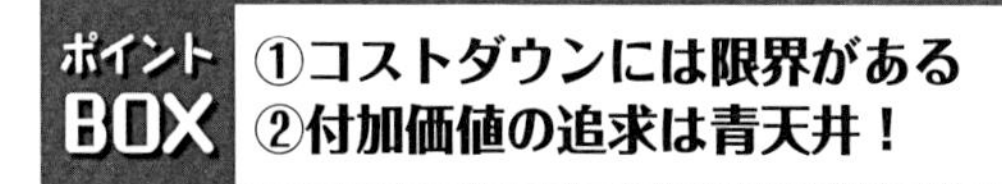
ポイントBOX
①コストダウンには限界がある
②付加価値の追求は青天井！

どの扇風機が好きですか？

それなのに、全員がコストダウンと答えた

お客様の立場で選ぶと？

先般、製造業関係者を対象に小さなセミナーを行いました。セミナー参加者の方々に**左上図**を見ていただき、「もし皆さんが**個人として買い物をするなら**、どの扇風機を買いますか？」と尋ねました。A社の扇風機は価格が3000円ですが翌日納入、B社は3日後納入ですが価格は100円安い2900円、C社は1週間後納入で価格は2550円、D社は格安の1999円ですが納入は1ヶ月後です。もちろんどの扇風機も性能やデザインの水準は同じという前提です。さて結果はどうだったか？　日頃から強いコスト意識を持って活動している皆さんですから、C社やD社の扇風機を選ぶ人が多いだろうと思いきや、実際には95％の方々がA社かB社の扇風機を選んだので意外でした。「速さ」こそ新しい価値の源泉であると改めて実感させられた結果でした。

製造業の立場で考えると？

その同じセミナーの後半で同じ方々に左下図を見ていただきました。付加価値で▲5円の赤字の製品です。その上で「**さて皆さんが社長なら**、どうやって事業を黒字化しますか？」とお伺いしたところ、全員がコストダウンと答えたので再び驚きました。「材料は2社購買による競争見積もりを徹底、過剰品質も見直します。」「労務費は作業効率の抜本的カイゼンで生産性向上を目指します。」「物流費も確実に減らします。」「在庫削減にも努め、在庫費用を徹底的に圧縮します。」それを伺った上で、私は皆さんに申し上げました。「なるほど、確かに頑張ればコストダウンの余地はまだあるのかもしれません。しかし…先程は皆さん御自身が、コストよりも納期を選ぶとおっしゃいました。厳しいコストダウンを推進するだけでなく、むしろ積極的にコストをかけ**価値を取りに行く発想**をする必要はありませんか？」しかし、現実にはそうした発想ができない原因は、私達が毎日使っている財務会計のP／Lが製造原価だけを切り出して叩く構造を有し、関係者の思考がそれに慣れてしまっているからに違いありません

本当に作り方で負けているのか？

A社	価格：¥3000	納期：翌日
B社	価格：¥2900	納期：3日後
C社	価格：¥2550	納期：1週間後
D社	価格：¥1999	納期：1ヵ月後

どの扇風機を買いますか？

全員がコストダウンと答えた

売上高	100円		95円	…更なる値下げ要求の誘因
−材料費	85円	➡	81円	…品質妥協し業者を変更
−変動労務費	5円	➡	4円	…25%生産性UP
−外注加工費	0円		0円	
−外注物流費	10円	➡	9円	…まとめ配送で10%減
−在庫金利	5円	➡	4円	…在庫20%圧縮
＝付加価値	▲ 5円	➡	▲ 3円	…頑張ったのに再び赤字

赤字

コストダウンの発想

売上高	100円	➡	125円	…翌日納品で売価回復！
−材料費	85円	➡	80円	…まとめ買い容認で値引き
−変動労務費	5円	➡	5円	…削減活動は見送った
−外注加工費	0円		0円	
−外注物流費	10円	➡	20円	…短納期化でコストUPした
−在庫金利	5円	➡	10円	…手持ち在庫は増えた
＝付加価値	▲ 5円	➡	10円	…正しい活動で価値を創造

赤字

価値創造の発想

ポイントBOX
①製品そのものだけでなく、速さを競う時代になった
②コストをかけて価値を取りに行くという発想も必要

ＩｏＴがやってきた！さて売価はどうする？

新しい勝負所はどこなのか？

会計が進化すれば、行動も進化する

今から40年前には「ジャパン・アズ・Ｎｏ１」と世界中から称えられた日本のモノづくりですが、近頃ではすっかりその輝きを失ってしまいました。理由は明白でビジネスの勝負どころが変わってしまったのです。40年前はひたすらに作ればよいという時代で、工場の優れた作業者がそれを支えていました。しかし今は工場の内外を問わずサプライチェーン全体で価値を創り出して行く時代です。デジタル技術やインターネットは従来のモノづくりをすっかり陳腐化してしまいました。標準化と自動化が進んだ工場では、伝統的なカイゼンではコストが下がらず価値を生み出せていません。ましてやＩｏＴの時代になればコストをどう定義し、何に向かって頑張ればよいのでしょうか？

大きな環境変化にも拘らず多くの製造業者で新しいビジネスモデルへのパラダイムシフトが成功しないのは、１００年前の会計と60年前のモノづくりのセオリーを使い続けているからです。ですから、**まず会計を変えましょう！** 会社では個人の目標は会計で設定され、業績も会計で評価されます。会計が変われば人の行動が変わり、人の行動が変わればビジネスそのものが進化します！

モノの価値（市場の価値と使用価値）

プロダクトアウトの時代は売り手市場であり、製品やサービスの値段は製造業者が決めていました。しかし今はマーケットインの時代であり、**買い手が値段を決めています**。どこの製品も物理的な性能には大差がなくなり、支払の便宜や届け方、アフターサービスなどが新しい勝負どころになりました。会社の勝手な都合で異常な固定費を配賦し値決めをすれば、お客様の支持を失います。

そんな時代の売価の決定に**正味現在価値法**が役立つことがあります。お客様が何かを買うことは、会社の設備投資プロジェクトと同じであり、お客様もまた意識的／無意識的に正味現在価値がプラスになるよう行動しているからです。この場合の正味現在価値を使用価値と言います。

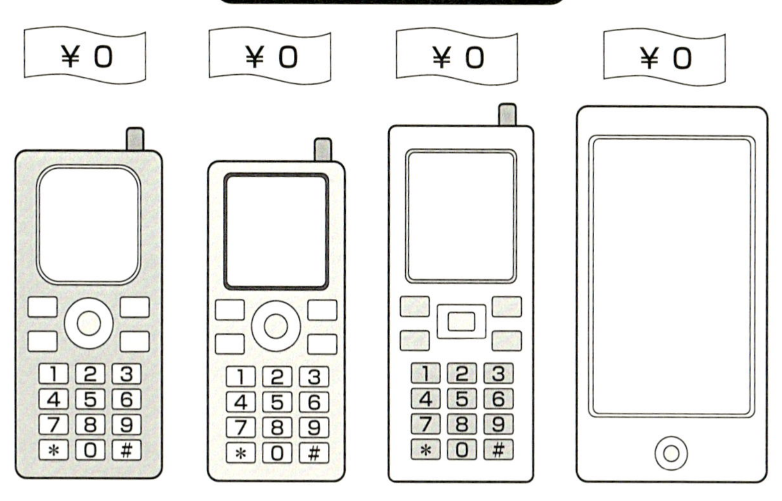

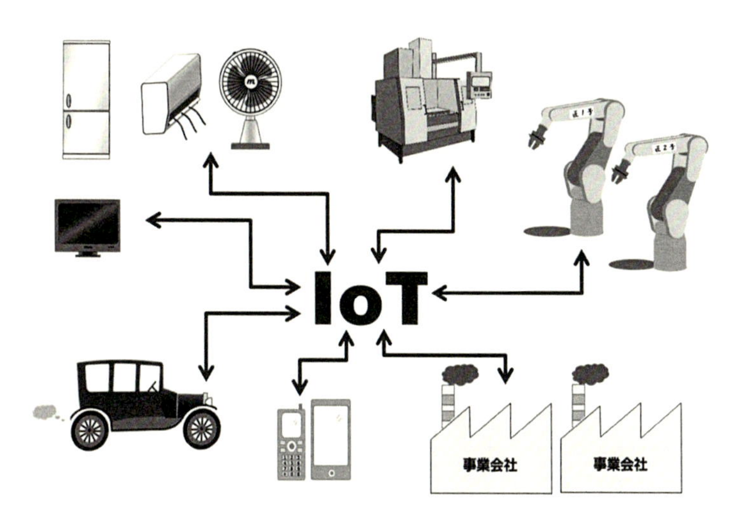

ポイントBOX
①今は買い手が値段を決める時代
②新しい会計が人の行動を変え、ビジネスを変える

付加価値経営、目標は全ての関係者のWIN-WIN

付加価値は、社会の支持のバロメータ

様々なテーマのつながり

ここまで財務会計が直面している限界と、それに手当てするための管理会計の概要を紹介して参りました。正しい管理会計さえあれば、日本の製造業はその膨大なポテンシャルを再び開花させることができるでしょう。最後に、改めて新しい管理会計を踏まえ、強い製造業を創るための道筋を整理しておきたいと思います。

1．**ミッションの確認**：会社の活動はミッションの確認から始まります。ミッションは全ての活動の判断の基準になるものです。ミッションが共有されていなければ、関係者の活動はバラバラになり、適切な管理会計をデザインすることもできません。

2．**研究開発計画**：ミッションが定まれば、それを実現するための製品・サービスを開発できます。この段階で会社の生産性はあらかた決まってしまうので、研究開発でも**内部収益率（IRR）**を求め、ベンチマークを設定しスケジュール管理も徹底します。

3．**原価企画・事業企画**：製品やサービスが開発されたら、必ず生産開始前にサプライチェーン全体のコストをチェックし、標準原価を確認しておかなければなりません。製品のライフサイクルが短く、手作りする場面が少ない製品は、生産開始後のコストダウンに期待することができません。事前の慎重な原価企画が必須です。

4．**付加価値計画**：原価企画によって提供コストが確認できたら、獲得されるであろう付加価値と販売数量に基づいて、損益分岐点や安全余裕率もチェックします。

5．**設備投資計画、資金計画**：販売数量と付加価値の見積りに基づき、それを実現する人員計画（ヒト）→資金調達計画（カネ）→設備投資計画（モノ）を立てます。この時、内部収益率（IRR）が調達資金のWACCを上回る計画としなければなりません。

6．**「かせぐ」の管理**：管理会計における日次管理の目標は、標準原価の遵守です。

7．**「わける」の管理**：獲得された付加価値を分配する際には、経営資源の生産性をチェックします。生産性を向上するため、計画的な人材育成（ヒト）を行います。

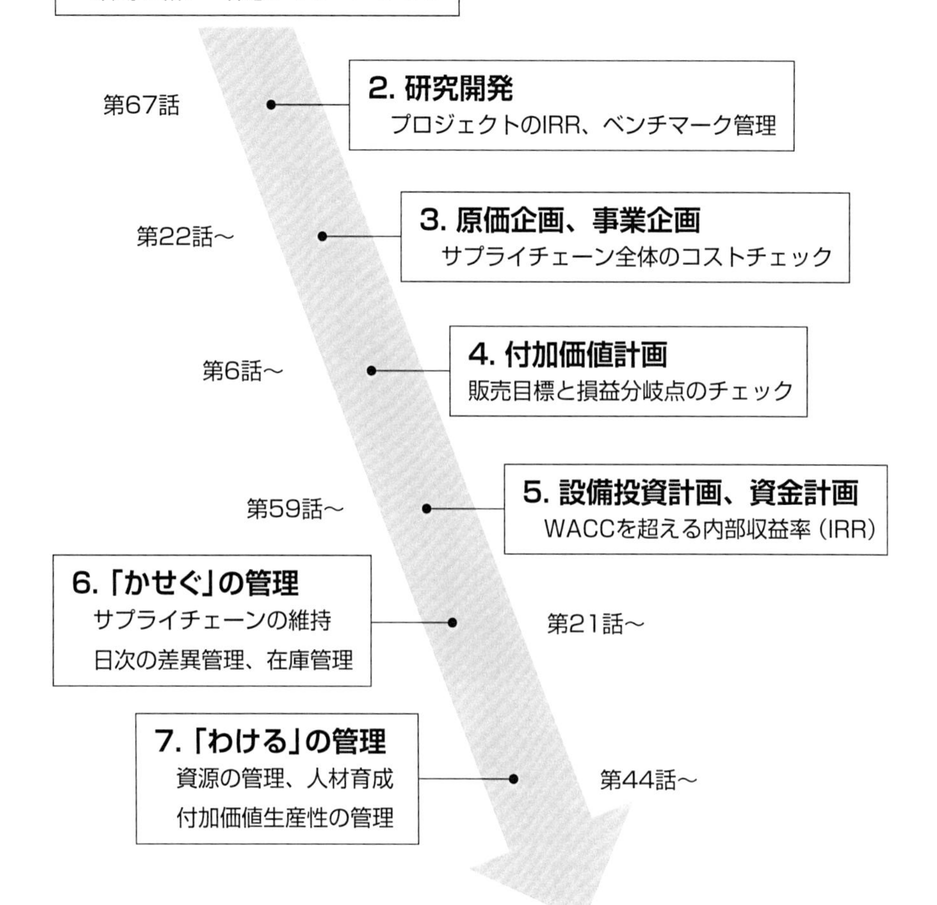

ポイントBOX
①ミッションを果たすことで会社は発展し、社会は繁栄する
②ミッションを果たすためデザインされるツールが管理会計

日はまた昇る！　新しい製造業を支える八つのキーワード

未来工場のヒント。製造業から創造業へ、ルールは変わった！

KWⅠ：会社のミッションの確認

今はお客様を騙せる時代ではなく、ミッションがない会社はあり得ません。ミッションが関係者にしっかり共有されている会社は軸がブレず大きな価値を達成できます。

KWⅡ：製造業→創造業へのパラダイムシフト、全員で価値を創る

他社と同じ製品をひたすら作れば儲かる時代は終わりました。毎日が同じ繰り返しならロボットとコンピュータで用は足ります。ヒトの存在意義は価値の創造です。

KWⅢ：チェーンの一体管理、そのための組織、そのための工場、そして会計

製造業という名前ではありながら戦場は工場の中だけではなくなりました。サプライチェーン・マネージメントを成功させるにはまず会計が変わらなければなりません。

KWⅣ：全員が生産性を問われるホワイトカラー

会社の活動は高度に一体化し、製造／非製造を問わず全員が生産性を問われるホワイトカラーです。受け身の作業者も、遊ぶ一般管理部門も生き残れません。

KWⅤ：コストダウンの工場→付加価値を創り出す工場へのパラダイムシフト

標準化が進みコストダウンには限界があります。しかし付加価値なら青天井です。

KWⅥ：WACCと在庫金利を周知、WACCを超えるIRRを目指す

社内留保や資本金はタダではありません。年々、投資業としての性格を強めている製造業ですが、適切な設備投資計画のためにはWACCの周知が不可欠です。

KWⅦ：罪子vs財子のけじめ

目標は死蔵品を出さずに最短納期で届けること。製品在庫（罪子）は持たず、最短納期のためには材料在庫（財子）は持ちます。見えない在庫である売上債権にも注意を払い、期末日在庫ではなく平均在庫を管理します。

KWⅧ：とにかく、速度、速度、速度、速度！

お客様の要望に最短で答えるには平準化生産という発想を見直さなければなりません。それは製造業の自己都合でありプロダクトアウトの時代の産物だからです。

絶対に生き残る！

Ⅰ. 会社のミッション

Ⅱ. 製造業 → 創造業

Ⅲ. チェーンの一体管理

Ⅳ. 全員がホワイトカラー

Ⅴ. コストダウン → 付加価値

Ⅵ. WACCの周知とIRR

Ⅶ. 罪子（ざいこ） vs 財子（ざいこ）

Ⅷ. 速度、速度、速度！

精神論では戦えない。

できないことは、できないでよい。

一人一人が自らの価値を問い、成長する。

管理会計でやるべきことを見極め、しっかりやり切る！

ポイントBOX ①新しい管理会計で、日本のモノ創りは再び輝く！

そろそろ、前へ

見せるための会計、使うための会計

恐らく、このテキストを手に取って下さった方々の多くは、本書を読む前から損益分岐点分析やサプライチェーン・マネージメントという言葉をよく御存知だったかもしれません。あるいは埋没原価、差額原価という概念や、資本コスト（WACC）の話を、**「ああ、あれね！」**と思われた方もたくさんいらっしゃることでしょう。しかしながら、せっかくのこうした強力な経営ツールが、今まではバラバラの知識としてのみ存在し、会社の意思決定システムには積極的に組み込まれてきませんでした。

そこで、これらを一つの経営ツールとして纏め上げたのが、このテキストでご紹介した製造業の管理会計です。同時にこのテキストでは、従来用いられてきた普通の会計（財務会計）の限界についても繰り返し説明をして参りました。その意図は、財務会計の限界を正しく理解いただくことで、あるべき管理会計の姿をしっかりイメージしていただくことにあります。

財務会計は、今日もなお会社間の公正な業績比較や公平な課税の基礎データを提供するという使命を背負った、大切な会計ではあります。しかし関係者間の利害調整が容易ではなく、新しい概念を取り込んで迅速に変化することができません。会社のビジネスモデルの実情に合わせたカスタマイズができない財務会計は、経営ツールとしては急速に陳腐化し、昨今の激しい経済社会の状況変化に対応できなくなってしまいました。

改めて考えてみれば、外部の方々に少しでもキレイに見ていただくための会計と、内部で経営課題を明らかにし適切に手当てして行くための会計は、同じものではあり得ません。それは過去に何度も繰り返されてきた会計不祥事を見ても明らかです。**仮に違法行為ではなくても、**ギリギリまでキレイに整えられてしまった会計数値によって適切な経営判断を下すことは困難です。やはり公的な財務会計とは別に、私的な管理会計をしっかり整備しておかなければなりません。

財務会計とは別に管理会計を整備すべきという話を申し上げると、それは**「二重帳簿を作ることですか?」**という御懸念もいただきますが、答えは「NO」です。一つの目的のため一つの事実について異なる帳簿を作れば二重帳簿の誹りを免れませんが、財務会計と管理会計は作成目的が全く異なる以上、決して二重帳簿ではありません。また、二つの会計を並び持つことの負担についての御心配もいただきますが、昨今の情報処理技術の急速な発達により、一つのソースデータから二つの会計を別々に集計することも容易になってきました。

もちろん財務会計こそが公的な会計であり、経営成績も最終的には財務会計上の指標で問われることになります。しかし財務会計上の指標を良くしよう(良く見せよう)とする努力が必ずしも会社の真の業績を良くする訳ではありません。他方で私的な会計ではありながら、管理会計上の指標を良くしようとする努力は必ず会社の体力を回復し、真の業績を向上させ、結果的に財務会計の指標を改善することにも繋がります。

ヒトは何故育たなくなったのか?

ところで、国内の付加価値の総合計がGDPです。本テキストで紹介して参りました付加価値と、GDPの計算の基礎となる付加価値には若干の定義の違いがありますが、概念としては概ね同じものだと考えていただいて構いません。この日本のGDPは永らく米国に次いで世界2位でしたが、10年程前に中国に抜かれ、その後もその差は開く一方です。そんな日本の低成長を嘆く声がある一方で、実のところ、不思議と私達は今まで正面から付加価値を問われたことがありませんでした（！）

会社のＰ／Ｌにおいても利益（株主利益）は表現されますが、付加価値は何処にも表現されていないのです。**表現もされず、問われもしないもの**が成長する道理はありません。その故にか、残念ながら今日の日本の一人当たりの付加価値生産性は世界的に見てもそれほど高くはありません。それでも日本のＧＤＰが世界2位の水準にあり得たのは、ただ単に日本の人口が多かったからです。そして今、右肩上がりの経済成長の時代が終わり低成長の時代を迎えて、経済全体の大きさよりは一人ひとりの高い生産性が厳しく問われる時代になりました。

ヒトの生産性を問うには、①ヒトの労務費の全体と、②そのヒトが生み出した付加価値、の両方を明らかにし、その比を求めなければなりません。これを「付加価値生産性」と言います。従来の会計（１００年前にデザインされたもの）におけるヒト（労務費）の扱いは、コストとして各製品に配賦し製品別に収益性を判断するというものですが、配賦でバラバラにしてしまうと労務費は逃げ回り、生産性が見えなくなってしまいます。しかも配賦を前提にすると、「余計なこと」をすればするほど製品への配賦が増えてしまうため、社内ではヒトを活かさない方向へとベクトルが働き勝ちです。仮に本人が「もっと頑張りたい！」と奮い立ち、丁寧な仕事をしようとすれば「配賦が増える」と叱られるでしょう。**成長のチャンスは与えられません。**

これは大変に不幸なことです。結果として配賦をすれば、ヒトに余力があってもそれを遊ばせてしまう結果になるのです。（これは、その他の経営資源、例えば新鋭工場でも同じです。）資源が遊んでいることを目立たなくするため、更に精細な配賦計算を行えば、会社全体の生産性はますます見えなくなり、ヒトは育たず、会社の業績は更に沈んでいくでしょう。意識の上でもヒトはコストとして扱われると主体的な姿勢を失い、自責で活動しなくなります。ヒトが経営資源としての自覚を持ち、かつその可能性を引き出すチャンスが与えられ、力強く育っていくための仕組みを整備しなければなりません。ですからこのテキストでも「ヒトは資源であって、コストではない」旨、繰り返し強調しました。

これからもカイゼンに依存するのか？

ところが、実はこの管理会計でも、変動労務費のヒト（多くの場合、非正規社員の方々）については「資源」ではなく「コスト」として扱っています（この部分がいわゆるＧＤＰの計算の基礎になる付加価値との差になります）。何故なら変動労務費が有する「必要な都度に必要なだけ調達される」という性質が、例えば外部の業者に業務を依頼する時の外注費の管理に類似しているためです。しかし人をコストとして扱う場合、一定のけじめも必要になることには十分に注意を払わなければなりません。

例えば日本では、現場の作業者が自主的にカイゼン活動を行うのは当然のことだとされてきました。日本型モノづくりの成功の記憶として、今でもノルタルジーをもって語られる「カイゼン活動」ですが、ある会社の海外工場ではカイゼン活動の呼びかけが**「不当な労働強化だ」**としてストライキの原因になり、とても驚かされました。確かに本来自主的な活動であった筈のカイゼンが、最初から経営計画に織り込まれているなら、それは奇妙な自己矛盾です。その海外工場の作業者は変動費（日雇い）の方々でしたが、仮に本当に自主的なカイゼン活動に期待をするなら、まずはこの方々の中からキーマンを選び、正規雇用するのが大前提となるでしょう。「いつ来なくなるかわからない」／「いつ来なくてよいと言われるかわからない」という状況では、腰を据えた教育ができません。会社のミッションに共感を持ち、カイゼン活動に自主的に取り組むモチベーションを持ち得る筈もありません。

この疑問をある別の会社の工場長様にお伝えしたところ、「当工場では面接で『正社員並みに頑張ります』と約束した非正規社員だけを使っているので問題はない。」とのお答えでした。しかしそれでは面従腹背、真のカイゼン活動は起きません。単純な作業であればノルマで管理できますが、新しい価値の提案や真のカイゼンはノルマで管理することはできないのです。また、一方的に不公正な立場に置かれる非正規社員の存在が、正社員側の生産性を著しく低下させてしまうことがあります。実際、不景気で非正規社員を切ったら、残った正社員は何も作れなくなっていた、という事例は枚挙に暇がありません。正社員の方々は日々何をしていたのでしょうか？

残念ながら、長年カイゼンを支え日本型モノ作りの屋台骨であり続けて来た製造現場の人材は、コストと同一視されて切り捨てられ、主体性を失い、日本型モノ作りは崩壊してしまいました。切り捨てられた人材は高度な技術やノウハウを持ったまま国内・外の競合メーカーに流れ、日本型モノ作りを更に窮地に追い込んでしまったのです。**日本が誇る技術力**の実体がヒトの力であったならば、人材流出の影響の深刻さはハッキングの比ではありません。一体、どれだけの価値を日本は失ってしまったのでしょうか？　今、日本のモノづくりは重大な岐路に立っています。これからもカイゼンに依拠したビジネスモデルを維持するのか／カイゼンとは決別し新しいビジネスモデルへのパラダイムシフトに果敢に挑戦するのか？　どちらかに覚悟を決めなければ日本のモノづくりは再建できません。

実はまだ、勝負は始まってすらいない！

長年、日本の経済は製造業によって牽引されてきました。しかし今、製造業の現場で感じる矛盾は少なくありません。１００年前の会計と60年前のモノ作りのセオリーの海辺でどんなに網を打っても、そこにはもう魚がいないのです。日本のモノづくりは、**魅力のない仕事になりました**。どうして製造業はこれほどまでに輝きを失ってしまったのでしょうか？　実のところその根本的な原因は、既存の会計（１００年前にデザインされた会計）が今日のビジネスのニーズに合わなくなってしまった故だと感じます。会計が不適切なら、人も会社も誤った方向に突き進んでしまいます。なぜなら人は会社で会計によって目標を設定され、会計によってその成果を測られているからです。会計の形が、知らず知らずのうちに人の行動に大きな影響を及ぼしています。

「とにかく頑張ります！」と言っても、正しい会計がなければ実際にどう頑張ったらよいのかわかりません。日々、付加価値を問われなければ、成長も進歩もありません。付加価値は会社や事業の存在意義を示すものです。付加価値が生み出せなくなった事業は、勇気を持って根本からビジネスモデルを問い直し、新しい可能性に挑戦しなければ

ばならないでしょう。体力が残っているうちに！　1日でも早く‼

残念ながらこの30年間、私達は現実から目を反らして逃げ続けて来ました。私達はすっかり自信を失い、負け犬になりました。しかし考えてみれば、私達はまだ真剣に付加価値に向き合ったことがありません。**私達はまだ本気で戦ったことがないのです！**　ですから新しい管理会計を導入し、付加価値性生産性の改善に本気で取り組むなら、私達はきっと世界に勝てます。勝負は今、始まったばかりです。

「できないこと」はできないでよいと思います。どんなに精神論を振り回しても結果が出せなければ仕方がありません。できないことではなく、やるべきことにこそ挑戦しましょう。会社のため社会のためにやるべきことは幾らでもある筈です。その優先順位は新しい製造業の管理会計が教えてくれます。歴史的に見ても私達は大きなポテンシャルを持っています。新しい会計で、一度やるべきことを理解し、正しい目標を持つことができたなら、日本の製造業は再び偉大な輝きを取り戻すと私達は確信しています。

２０１７年７月

〈著者紹介〉「ヒトが生き生きと働くための仕組みを提供する」

なかなか利益が出ない！　会社全体に活力が感じられない！　といった悩みが広がっています。経営層の方は、株主や銀行など外部からのプレッシャーに耐えながら、精緻な予算制度や人事評価制度を導入して成果を出そうとします。従業員の方は、困難とも思える予算やKPIを突き付けられ時に上司に机を叩かれながら、あらゆるテクニックを駆使して与えられた目標を達成しようと頑張ります。そしてふと「会社はこれで良くなるんだろうか」という想いに囚われたりするかもしれません。20世紀のヒトは作業者でした。作業を合理的に管理するための仕組みが幾つもデザインされました。実は、日頃当たり前の経営管理ツールとして使われている予算管理制度や人事評価制度もまた作業を管理するためのものだったのです。しかし経済社会の環境が大きく変わってしまった今日、単なる作業者を超える創造力を従業員から引き出そうと模索している経営者の方々が多いのではないでしょうか？

王子経営研究会は、既存の思考に囚われず「ヒトが生き生きと働くための仕組み」で、日本の会社を元気にする専門家集団です。

☆山口揚平　公認会計士

王子経営研究会を主宰。監査法人トーマツ勤務後、日産自動車本社で予算管理の実務を経験したのちに独立。「人が生き生きと働く会社こそが強い」という想いを軸に、従来の予算制度の廃止など新しい管理会計の考え方や新たな人事制度などを柔軟に組み合わせ、一つひとつの会社にオーダーメイドの総合的な経営体制を提案し、構築から運用支援までを行っている。

☆網野 誉　公認会計士・税理士

王子経営研究会の創立メンバーの一人。監査法人トーマツを経て独立。税理士を兼務し節税対策、管理会計導入、組織再編、その他各種支援で実績多数。日本CCO協会の創立者でもあり企業内コミュニケーションのエキスパート。

☆眞山徳人　公認会計士

監査法人トーマツにて、監査業務のほか、経営ビジョン策定から管理会計の導入に至るまで多様なコンサルティング業務を展開。現在、合同会社ebs副代表。著書に「江戸商人・勘助と学ぶ 一番やさしい儲けと会計の基本」「スピーチ・ツリー」など。

☆篠﨑英憲　公認会計士・税理士

監査法人トーマツにてIPO支援業務を中心に監査業務に従事。税理士法人を経て、平成27年10月にIPO・内部統制等業務改善コンサルを中心としてジョアット総合会計事務所を開設。IPO支援に限らず上場企業の会計税務支援、事業再生など多岐にわたる。

☆奥富進介　公認会計士

監査法人トーマツを経て、IT 企業などにおいて幅広い業務経験を有す。埼玉県川口市を愛し川口市を地盤として地域経済活性化のため奔走中の熱血会計士。

☆大城章顕　弁護士

中小企業、ベンチャー企業から大手企業まで、様々な業種の企業に対して法的サービスを提供している。業務上の契約書作成といった一般企業法のほか、労務・人事法務、紛争解決、M&A・組織再編、コンプライアンス・不正調査、コーポレートガバナンスなどを取り扱っている。

☆小島 彰　社会保険労務士

IPO 労務コンサルタント。現在の一般的な人事制度とは全く違った切り口での、『新人事制度』の提案を王子経営研究会のメンバーと行っている。（ご興味のある方は、kojima.akira@kojimaakiira-sr.com まで、お気軽にご連絡ください。）著書は「解雇・退職勧奨の上手な進め方と問題解決マニュアル」他 6 冊。特定者労保険労務士。

☆有馬美帆　社会保険労務士

特定社会保険労務士。社労士シグナルの代表としての数百の企業の人事労務を支える。IPO コンサルティング、労務トラブル解決、就業規則作成等を企業フェーズに応じて支援を行い、一歩先回りした提案によりお客様の成長を加速させている。

☆廣島達也　IT コンサルタント

研究会きっての IT のスペシャリスト。独学でプログラミングを学び 20 歳でコンピュータ専門学校の講座を担当。日々の生産管理と会計業務の融合を目指して奮闘中。儲けを出せる工場の実現を目指す。

☆吉川武文　公認会計士・生産技術者

王子経営研究会の創立メンバーの一人。工学部修士卒。大手メーカーでカイゼンやコストダウンによる子会社再建、自動化、製品開発、研究開発等 28 年の技術系キャリアを有する異色の会計士。出願特許多数。既存の生産技術や原価管理、設備投資の在り方に疑問を感じ、業務の傍ら会計を研究。監査法人トーマツを経て現在は有志と共に新しい管理会計を提案、製造業の復活を目指し活動中。著書に「モノづくりを支える管理会計の強化書」「生産技術革新によるコストダウンの強化書」など 5 冊。

「生き生きと働ける会社」≒「高い生産性！」

図解！　製造業の管理会計入門

NDC 336.84

2017年 9 月 15 日　初版 1 刷発行
2025年 5 月 20 日　初版 10 刷発行

（定価はカバーに表示してあります）

© 著　者　吉川　武文
編著者　王子経営研究会

発行者　井水　治博
発行所　日刊工業新聞社
〒103-8548
東京都中央区日本橋小網町 14-1
電　話　書籍編集部　03（5644）7490
販売・管理部　03（5644）7403
F A X　03（5644）7400
振替口座　00190-2-186076
U R L　https://pub.nikkan.co.jp/
e-mail　info_shuppan@nikkan.tech
印刷・製本　新日本印刷（POD6）

落丁・乱丁本はお取り替えいたします。　2017 Printed in Japan

ISBN 978-4-526-07746-3　C3034

本書の無断複写は、著作権法上での例外を除き、禁じられています。

●日刊工業新聞社の好評図書●

モノづくりを支える「管理会計」の強化書

吉川　武文　著
A5判280頁　定価（本体2200円＋税）

「会社は何を目標に活動すべきなのか？」「会社の事業と技術開発活動をどのように整合させるか」など、会社の事業には、すべて会計的な知識が必要。本書は、会社の事業運営に活かすために注目されている「管理会計」の基礎知識について、製造業で働く人のために、物凄くわかりやすく紹介する本。適切な管理会計の仕組みを理解し、会社を「強化」しよう。

【目次】
Part 1　世界の会社の共通言語・お金
第1講 製造業の2つの宿命　製造業は固定費業
第2講 コロンブスの成果報告　貸借対照表の成り立ち
第3講 お金を借りたらタダではすまない　利益目標は資本コスト
第4講 会社を活かすも殺すも固定資産　財務安全性と固定資産
第5講 私の給料はどこに？　損益計算書に感じる疑問
Part 2　本当にコストダウンになってますか？
第6講 誰だって早く会社を黒字にしたい！　損益分岐点と固定資産
第7講 そのコストダウンは順調ですか？　原価差異とPDCA
第8講 在庫はお金のかたまりだというけれど　正しい安全在庫の判断
第9講 第三の原価計算？　全部原価計算vs直接原価計算
第10講 期末在庫なんかどうでもよい　在庫回転率のワナ
第11講 会社を迷走させる方法　差額原価と埋没原価
Part 3　そのプロジェクトをどう評価する？
第12講 設備投資は決意表明！　設備投資評価という壮大なはったり
第13講 本当は怖い自動化の話　見果てぬ夢「自動化工場」
第14講 技術者よ大志を抱け　研究開発という名のビジネス・プロジェクト
第15講 何がカイゼンを駄目にしたのか？　労務費管理とカイゼン
第16講 お金が尽きたら会社は終わり　費用の繰延とキャッシュ
Part 4　地球の未来と会社の未来
第17講 今度こそ石油がなくなる？　材料費突出の背景
第18講 気候変動という巨大なニーズ　危機か？　チャンスか？
第19講 指標が行動を変える　会社の付加価値が見えた！
第20講 ニーズは会社の外にある　製造業の責任と可能性